T0169316

I HAVE INVENTED NOTHING

I HAVE INVENTED NOTHING

Selected poems of
Jean-Pierre Rosnay

Translated by J. Kates

I Have Invented Nothing by Jean-Pierre Rosnay. Original French text copyright © 2018 by the estate of Jean-Pierre Rosnay. English language translations © 2012, 2018 J. Kates. Arrangement and edition © 2018 Black Widow Press. All rights reserved.

This book, or parts thereof, may not be reproduced in any form or by any means electronic, digital, or mechanical, including photocopy, scanning, recording, or any information storage and retrieval system, without written permission from the publisher except in the case of brief quotations embodied in critical articles and reviews. For information, contact Black Widow Press, 9 Spring Lane, Boston, MA 02109.

Black Widow Press is an imprint of Commonwealth Books, Inc., Boston, MA. Distributed to the trade by NBN (National Book Network) throughout North America, Canada, and the U.K. All Black Widow Press books are printed on acid-free paper, and glued into bindings. Black Widow Press and its logo are registered trademarks of Commonwealth Books, Inc.

Joseph S. Phillips and Susan J. Wood, Ph.D., Publishers
www.blackwidowpress.com

Design & production: Kerrie L. Kemperman

ISBN-13: 978-0-9995803-1-8

Printed in the United States
10 9 8 7 6 5 4 3 2 1

TABLE OF CONTENTS

from FRAGMENT ET RELIEF (1994)

from DANGER FALAISES INSTABLES (2002)

INTRODUCTION

The death of Jean-Pierre Rosnay on December 19, 2009, did not end the poet's life. He had always staked his life on his writing — poetry itself as an extension of life is one of his major themes ("I will live, live all the more") one he furthered not only in his writing, but also in his advocacy. Rosnay was an ardent missionary. In 1978, he organized an international poetry festival in Paris. He edited the literary magazine *Vivre en poésie,* he hosted programs on French radio and television, he pioneered a Parisian "phone-a-poem" service, and, when the French began experimenting with Minitel home-computers in a way that anticipated the world-wide web, Rosnay jumped right in with poetry networks. Today, the lover of world poetry can visit the Club des Poètes in person in Paris or electronically at http://www.poesie.net, still run as a family concern.

Rosnay was born in 1926 in Lyons (Monplaisir la Plaine). When his mother died in 1929, his father passed the boy along to an aunt, until he married again — to a woman with whom the young Jean-Pierre remained in constant conflict. At the age of twelve, Jean-Pierre was put into a pension at Tourvielle, not far from Lyons, but he fled from there the following year to take refuge working on a farm at Saint-Paul-Trois Châteaux.

Jean-Pierre was not yet sixteen years old when he joined up with the French Resistance at Saint-Jeoire in the Haute-Savoie. Operating under the code name Bébé, he took an assignment to assassinate Klaus Barbie in 1943, but he was arrested and confined in the infamous prison at l'Ecole de Santé Militaire in Lyons (now a museum of the Resistance) for nearly four months. An attack on Lyons enabled him to escape, wounded twice in the arm. He received another wound at the Battle of Saugues, and recovered in time to participate in the liberation of Le Puy. At that time, he enrolled in the regular army and served briefly with the occupying forces in Alsace and in Germany, but left in 1945 to go first to the south of France, and then to the Left Bank of Paris in 1946. This experience formed not only his patriotism and his politics, but also a sensibility that affected his whole life. As he later wrote in an introduction to an anthology of French poetry of the Resistance and the Deportation:

"For as long as he can remember, the author of these lines who, at the age of sixteen, with his Sten machine gun on his shoulder, between two turns of guard duty and a surprise attack, in the conspiratorial shadow of the forests of Vercors, was writing naive songs and poems, has always considered that the Resistance was not just an act of war, a method of combat, but that it was also and always will be a state of mind — the concrete expression of the will to resist — on one's own behalf but also on the behalf of others — everything that threatens basic freedoms."

The ideals and the actions of the Resistance became a defining theme in Rosnay's poetry, along with his lost mother and love for his wife Marcelle, an accomplished actress and dramatic interpreter, whom Jean-Pierre had met in Paris, and married in Alexandria in 1951.

The young veteran Rosnay entered a Parisian intellectual community that had been compromised by the ambiguity of the German Occupation and the Vichy collaborationist government. It was not a question here of "resisters" or "collaborators." There were many writers — most, perhaps — who had been a little bit of both, whose collaborations had protected some powerful cells of resistance, or whose resistance had bent to allow for permits or publications that were not unpleasing to the Nazis. Rosnay entered this milieu as one of a new, cleaner, uncompromised generation. He associated with the literary community of Boris Vian, who played jazz trumpet when he wasn't writing strange vignettes, the singer Juliette Greco, Isidore Isou, and others.

In 1949 Rosnay founded the J. A. R. (Young Writers Brought Together) a publishing house dedicated to bringing the work of young poets and writers (among them, Georges Brassens) to a wide audience. They hawked their publications in the streets, from door to door, and in cafés. Always politically committed, they also staged public demonstrations — against the death penalty, against the Prix Goncourt, for instance — and "happenings," like the symbolic disinfecting of St-Germain des Prés.

One raw day during the chill and windy autumn of 1964, I stumbled into the rue de Bourgogne (around the corner from the Rodin house — see "Auguste and Paul") and discovered the Club des Poètes,

already three years old, a bistro of the usual wine and checked tablecloth kind, but distinguished by extravagant poetry performances every evening. There were Les Poémiens, three actor-poets (Jean Bany, Jean Signé and Georges Werler) who used their voices to play carefully orchestrated readings of French poetry I knew, and far more that I had known nothing of — Robert Desnos, Louise de Vilmorin, Paul Fort, as well as Rimbaud, Apollinaire, Villon, Verlaine, Valéry... And all presided over by the proprietor of the Club des Poètes, Jean-Pierre Rosnay, to whom I was introduced as much by the Poémiens' reading of "Comme un bateau prend la mer" as by his actual presence:

> *Je te prendrai comme un bateau prend la mer*
> *Je briserai les vagues*
> *Je te prendrai comme un oiseau fend l'air*
> *Je te prendrai comme on plante une dague...*

> *I will take you the way a boat takes the water*
> *I will break the swells*
> *I will take you the way a bird cleaves the air*
> *I will take you like driving a spike*
> *I will take you...*

The poetry of Jean-Pierre Rosnay derives directly from the "post-Surrealists" of Paris before World War II. Surrealism had attempted to liberate the writing process from rationality, and it had attracted to it the most innovative writers and artists of France between the wars. But as many as it attracted, it also lost adherents — brilliant poets disaffected by the limitations of the movement in the face of political realities, as Europe fell more and more under the influence of movements which enacted uncomfortably many of the trappings of Surrealist intellectual theory. When war and the Occupation overwhelmed France, the leading lights of Surrealism fled the country, while many of those who had been influential within the movement, but had moved beyond it, stayed active in the French Resistance. It was these latter — Paul Eluard, Robert Desnos, and Raymond Queneau — who cast their own influence on Rosnay. His willingness in his poetry to leap over the constraints of narrative structure but to remain firmly within a social structure balances between a world of the imagination and a world in which people eat,

drink and die. Or rather, there is no balancing act necessary, because this is all one world. Often in Rosnay's verse, as in "Stereoscope" here, the third person and the first person become interchangeable.

This collection of Rosnay's poems brings together selections from all four of his major collections and a handful of previously unpublished poems. They include the far reaches of Rosnay's technique and imagination, from the lapidary delicacy and romantic sensibility of "Refrain" to the prose-composition and social awareness of the "Political Poem," which is as profoundly rooted in current French multiculturalism — and nearly as fanciful — as a novel by Daniel Pennac. Poems like "Study in Black on Green" most obviously derives from experience in the Resistance, and "Fugue" less obviously from childhood memories. "Piazza San Marco" is set in a a recognizable landscape, while in other poems the landscapes and settings define themselves.

I have not published here all the poems by Jean-Pierre Rosnay that I have translated, and I have not translated all that I would like to. Underrepresented here are poems that defy translation (although I invite others to take these on). One of my favorite examples of this kind of untranslatability comes from "L'herbe est tendre à celui qui rêve," in which the speaker addresses a schoolgirl:

> Ma fillette ma lycéenne
> Ma bergère des beaux quartiers
> Quand je vous parle du seizième
> C'est au siècle qu'il faut penser.

The words go into English easily enough: "When I speak to you of the sixteenth, you must think of the century," but they make no sense without notes of cultural resonance. The reader has to know that "the sixteenth" can refer colloquially to the Sixteenth Arrondissement of Paris, characterized by its Beverly-Hills style of crass contemporary opulence. But it can also equally casually refer as a shorthand to the sixteenth century, the polished and turbulent High Renaissance of French culture. In this, as in other cases, the choice is between such a loose version as to lose all connection with the original, or an explanation that kills the spirit deader than dead.

At the very end of the book I have attempted, clumsily, the irresistibly delightful "Petite cedille," simply because it is irresistible. But if you don't already know the French, I'm afraid you won't get it.

Also underrepresented are the poems explicitly addressed to Tsou, to Marcelle. These expressions of love are so intimate that they defy translation on another level. I have included some, but not as many as testify to the long and deep relationship of the poet and his muse.

Otherwise, translating Rosnay involves the usual problems of French to English — the intractability of bringing over the intimate form of "you" into English, for instance — as well as sound-plays and word-plays that at some times impel a conscientious translator away from the strictly literal, and at others force the translator into despairing surrender. One particular difficulty is worth noting. The word *engagé* is rooted in post-War French philosophy and culture, but has no satisfactory, concise English equivalent, to the point that we have often borrowed the French word when we mean to say what it says. This is a dodge I wanted to avoid, but the obvious English approximation, "committed," proves damnably ambiguous. I have chosen to be crass in another, perhaps dangerous direction, given the status of "politics" in English. In another case, I have left the *nom de guerre* Le Chtimi (a slang name, like "Yank" or "Limey," for a man from Picardy) untranslated. But, for the most part, Rosnay's clarity and humanity come across well into English, and I have been fortunate in the decades of our acquaintance to be able to refer back to the poet questions that came up. As for the difference between the intimate and formal second person, the reader here has the luxury of a bilingual edition, and can easily check the left-hand page for "tu" (intimate) or "vous" (formal). For the most part, Rosnay addresses his readers, singular and plural, formally.

I dedicated my first collection of Rosnay's poetry, *When a Poet Sees a Chestnut Tree* (Green Integer Press, 200) to the schoolteachers who taught me French: Harold Schneider, Maureen Regan and Donald Wladaver. As I have added to that manuscript, I would also like to add here in dedication those who taught me at the Colby College Summer School of Languages in 1963: Archille Biron, Louis Gramond, and Georges Ramelet; and my professors at Wesleyan University: Jan Miel,

Leonard Rosmarin, Norman Shapiro, and André Yon. An elegant English-only chapbook of a few of Rosnay's prose poems, *Secret Wars,* is also available from Cold Hub Press in New Zealand.

As ever, my most profound acknowledgments are to Marcelle Rosnay and to the Rosnay family. In addition to the earlier books mentioned above, translations in this collection have previously appeared in the following magazines and anthologies: *Absinthe, Ars Interpres, The Chowder Review, Cyphers, Dark Horse, Denver Quarterly, The Dirty Goat, The Massachusetts Review, Mid-American Review, The Plum Review, Poetry East, Poetry International, Reunion, St. Ann's Review, Subtropics, Sulphur River Literary Review, Thunder Mountain Review* — and in the anthologies *The Ecco Anthology of International Poetry, The Last Believer in Words, The Poetry of Men's Lives,* and *The Southern California Anthology.*

PREVIOUSLY UNCOLLECTED

Il y a un oiseau qui chante sur une branche.

Quelle aubaine!

Je l'attrape par une aile et je le mets sur une ligne de mon poème.

Réflexion faite, pour être honnête , j'ajoute que l'oiseau en question
est surtout dans ma tête — et que je ne suis même pas sûr de ses
   couleurs.

C'est un oiseau mot.

La branche aussi, d'ailleurs, est une branche d'esprit

qu'il faut que j'invente.

Maintenant, si je veux, il peut y avoir une jeune fille sur un chemin,

une jeune fille les cheveux au vent, de longs cheveux blonds et
   pourquoi pas un panier au bras, un panier plein de cerises?

Je peux même, qui m'en empêcherait, mettre la jeune fille sur la
   branche et l'oiseau

sur le chemin!

Mais à trop compliquer les choses on ne gagne rien. La poésie a plus
   besoin d'innocence que de turbulence. Son audace à elle, c'est de
   ne rien vouloir prouver.

Il y a un oiseau qui chante sur une branche.

There is a bird singing on a branch.
What an opportunity!
I catch him by the wing and put him into a line of my poem.
On reflection, to be honest, I add that the bird in question
is above all in my head — and that I'm not even sure what color it is.
It's a bird word.
Moreover, the branch too is a branch of the spirit
that I had to invent.
Now, if I want, I can put a girl on the road in,
a girl with hair blowing in the wind, long blond hair and why not a
    basket on her arm, a basket of cherries?
I can even, who would stop me, put the girl on the branch and the
    bird on the road!
But complicating things too much gains nothing. Poetry needs
    innocence more than turmoil. Its own particular audacity is to
    want to prove nothing.

Ô puérile illusion du poète, qui en son chant croyait s'éterniser, cri d'enfant blessé, cri de bête, que les flots de l'oubli vont noyer. Celui-ci jette son amour aux nuages, celui-là sa prière au Dieu aléatoire, cet autre se révolte en vain et davantage, tandis qu'à la fontaine tous les ânes vont boire.

Ô ce lancinant appel du poète, d'un siècle à l'autre comme un lasso lancé, mot de passe tombé aux pieds des sentinelles attendant la relève et jamais relevées. Si d'aventure vous croisez sur l'humain chemin un poète, offrez-lui par pitié un pieux compliment, comme on offre aux singes une poignée de cacahuètes. Les poètes sont des enfants.

Ô puérile illusion du poète

O boyish illusion of the poet, who thought he was immortal in his song, the cry of a wounded child, the cry of an animal, whom the billows of oblivion will drown. This one throws his love into the clouds, that one his prayer to a random God, another one rebels in vain and worse, while donkeys slake their thirst at the fountain.

O this launching appeal of the poet, from one age to the next like a lasso thrown out, a passing word fallen at the feet of watchmen waiting for relief and never relieved. If by chance you cross the human path of a poet, offer him a pious compliment in pity, the way we offer monkeys a handful of peanuts. Poets are children.

Que la première phrase m'éclaire, naissant du silence, comme un enfançon du ventre de sa mère. Nous les simples, nous fredonnions : *la la la* et cela suffisait à notre joie - mais le *la la* de Lulu n'était pas le *la la* de Lily et celui de Lola nous faisait toujours rire. Un homme projetant son ombre sur une écluse et actionnant une manivelle, nous inspirait un profond respect, ainsi d'ailleurs que le cordonnier, des clous plein la bouche, le maçon et sa truelle ou le médecin et ses lunettes, qui ajoutaient à son prestige. Voilà qui nous étions, pauvres certes, mais point envieux de la richesse, dont les origines nous paraissaient douteuses. La mer, qu'il nous avait fallu attendre des siècles, nous fascinait. Nous étions avec elle familiers, bien que conservant nos distances, comme il convient avec une dame ; c'était une amie, mais pas une cousine. La neige, virevoltant autour des arbres et pour autant que je m'en souvienne, des édifices religieux, nous procurait des sentiments de retenue d'une infinie délicatesse, par mimétisme probablement. Si nous l'avions pu, nous aurions fourni une âme à tous les animaux, y compris les insectes qui sont pourtant souvent d'un abord peu attractif . Plus tard, nous eûmes des pensées plus réalistes, voire violentes, pourtant jamais il ne nous vint à l'esprit de nous plaindre de notre sort. Et tels les Hébreux célébrant les obsèques d'un des leurs, dans leurs litanies disant : « tu nous l'avais donné, tu nous le reprends – que ta volonté soit faite », nous mesurions sans effroi le temps, le hasard, les insupportables injustices qui sont le lot de la condition humaine. Chacun de nous chantait « la la la » sans arrière-pensée et nous aurions été bien gênés d'avoir à contraindre quiconque. Nous n'aurions pas voulu porter les chaussures ni les chemises de nos morts et pour éviter toute idée de partage de ce qui avait été leur, nous en faisions des brasiers et tandis qu'ils se consumaient, chacun fredonnait, en guise de prière *la la la* , mais le *la* de Lily n'était pas le *la la* de Lulu et celui de Lola ne me faisait pas toujours rire ! Il est un temps pour tout et pour le reste.

May I be enlightened by the very first sentence, emerging from silence, newborn as if naked from his mother's womb. We simple ones, babbling our songs, *la la la* being enough for our happiness — but Lulu's *la la* wasn't Lily's *la la* and Lola's always made us laugh. A man casting his shadow on a canal-lock and turning the handle inspired in us a deep respect, like the cobbler once with his mouth full of nails, the mason with his trowel, or the doctor with spectacles adding to his dignity. That's what we were, poor for sure, but not at all envious of wealth — we suspected its provenance. The sea, which had made us wait forever, intrigued us. We were intimate, although keeping our distance, as is appropriate with a lady; it was a friend, but not a cousin. The snow, swirling around the trees, and for as long as I can remember around religious buildings, inspired a shy sentiment of infinite delicacy, probably camouflage. If we had been able to, we would have endowed all the animals with souls, even those insects that often are somewhat unattractive. Later, we had more realistic ideas, even violent ones, however self-pity never entered our minds. Thus the Hebrews conducting a funeral for one of their own, saying in their liturgy, "The Lord gave and the Lord hath taken away, blessed be the name of the Lord." Without fear we measured out time, luck, those unbearable miscarriages of justice which are the lot of the human condition. Each of us sang "la la la" without giving it a thought, and it would have bothered us to coerce anyone. We wouldn't have wanted to wear the shoes and shirts of our dead, and to avoid any idea of sharing out what had been theirs, we made bonfires of these things and, while they were being consumed, each one of us babbled our song as if we were praying, *la la la,* but Lily's *la* was not Lulu's *la la* and Lola's did not make me laugh at all. There is a time for everything and for everything else.

from **COMME UN BATEAU PREND LA MER**
(1956)

LETTRE AU PROFESSEUR DE GÉOMÉTRIE

Monsieur le professeur, je ne vous apprendrai rien en vous disant que le tableau noir est noir et que le noir est fort déprimant. Néanmoins, j'aurais pu me dominer, si ce n'était la violence qui se dégage des figures que vous y tracez quotidiennement à la craie.

Je ne connais rien de plus cruel qu'un angle droit. (L'avez-vous éprouvé?)

La droite, qui selon les dires de certains est le plus court chemin d'un point à un autre, commence et s'achève. À la rigueur, je puis accepter qu'elle commence, mais cette fin, cette absence de prolongement, ressemblent trop à la mort. (L'avez-vous éprouvé?)

Et la circonférence, l'odieuse circonférence qui tourne en rond, la circonférence, cette prison! Le vertige de la circonférence! (L'avez-vous éprouvé?)

Et puis, plus humaines, et plus pitoyables encore que les autres figures, les deux parallèles qui peuvent traverser les espaces et le ciel et avancer, avancer toujours sans jamais se rencontrer! (L'avez-vous éprouvé?)

Demain donc, Monsieur le professeur, je ne serai pas à ma place.

LETTER TO MY GEOMETRY INSTRUCTOR

Mr. Instructor, I'm teaching you nothing new in telling you that the blackboard is black and that blackness is extremely depressing. Nevertheless, I could handle this easily enough if not for the violence expressed in the diagrams you chalk up there every day.

I don't know anything more cruel than a right angle. (Have you put that in a proof?)

The straight line, which according to what some people say is the shortest distance between two points, begins and ends. If necessary, I can accept that it has a beginning, but this ending, this absence of continuation, are a little too much like death. (Have you put that in a proof?)

And the circumference, that hateful circumference turning back on itself, the circumference, that prison! The dizziness of the circumference! (Have you put that in a proof?)

And then, more human, more to be pitied still than any other diagram, those two parallel lines that travel through all space and heaven and keep going forward, forward forever without ever meeting! (Have you put that in a proof?)

And so, Mr. Instructor, tomorrow, I won't be in class.

L'AFFAIRE DE LA RUE DES ROSIERS

Lorsque le rendez-vous fut pris, il ne restait plus qu'à attendre. Moustache s'était dissimulé dans l'allée, avec un pistolet dans l'une des poches de son veston, Saïd guettait dans un taxi arrêté au coin de la rue Saint-Paul.

Le copain de Moustache avait dit: vous le reconnaîtrez; il a un vieux chapeau et une grande barbe sombre.

Alors Dieu sans doute qui protège ses élus, fit un tel cortège de barbus dans cette rue des Rosiers, qu'effrayés, nous partîmes en courant chez le père Rodolphe.

Moustache, s'assit le premier et fixa le vieux, qui tournait autour de sa bassine d'huile bouillante. Rodolphe, dit-il, sans que sa voix trahisse notre état d'âme, tu nous donneras trois frites saucisses et trois loubias, puis, marquant un temps d'arrêt, et une bouteille.

THE AFFAIR OF THE RUE DES ROSIERS

Once the meeting was set up, there was nothing to do but wait. Moustache hid himself in the alley with a pistol in one of his jacket pockets. Saïd kept watch from a taxi parked at the corner of the Rue St-Paul.

Moustache's buddy had said: you'll recognize him. He has an old hat and a big dark beard.

And then God, who without doubt looks after his chosen people, arranged for such a procession of bearded men in this very Rue des Rosiers that we took off terrified and kept running until we got to old man Rodolphe's place.

Moustache was the first to sit down and he stared at the old man, who was circling his pot of boiling oil. Rodolphe, he said, without his voice one bit betraying our mood, you'll get us three grilled sausages and three orders of loubia, and then added after a pause, a bottle.

Au commencement était le verbe être, lui succéda le verbe avoir. Les moutons avaient la laine, ils ne la gardèrent pas longtemps.

Puis, le verbe fut conjugué sur des tableaux, ce fut le règne du nœud papillon noir.

Les enfants furent mis au piquet, les mains derrière le dos, les vrais papillons épinglés dans les boîtes et affublés de noms impraticables aux honnêtes gens.

Le monde se partagea en deux parties inégales, celle à laquelle vous pensez et l'autre.

Les uns jouèrent avec Descartes. C'était fastidieux, ils inventèrent le bridge. Je pense, donc je suis les cours de la bourse.

Les autres ressemelaient les galoches du premier venu. Je sue, donc je suis.

Peu à peu, tout devint affaire de point sur les I d'un côté et de poings sur la figure, de l'autre.

De plus en plus fréquemment, les hommes se promenaient avec un numéro dans le dos. En général, ce n'était pas bon signe pour eux. Le peloton d'exécution arrivait toujours en tête. La treizième balle était généralement offerte à titre gracieux derrière la nuque.

Et c'était tous les matins, un nouveau miracle de pouvoir s'enfoncer l'auriculaire dans l'organe qui lui vaut ce nom, parce que c'était une preuve, la preuve de la vie et qu'il fallait toujours tout prouver, à propos de n'importe quoi.

Au commencement était le verbe être

In the beginning there was the verb *to be,* quickly followed by *to have.* Sheep had wool, they didn't keep it long.

Then the verb was conjugated in tables, this was the reign of the black butterfly bowtie.

Children were given time-outs, they held their hands behind their backs, real butterflies were pinned in boxes and dressed up with names ordinary people can't handle.

The world was divided into two unequal parts, the part you think about and the other.

Some played with Descartes. This was tedious, they invented the game of bridge. I think, therefore I follow the stock market reports.

Others resoled the galoshes of the first to come along. I sweat, therefore I am.

Little by little, everything became a matter of dotting the I on one side, and fists in the face on the other.

More and more frequently, men were walking around with numbers on their back. In general, this was not a good sign for them, The firing squad always came first. The thirteenth bullet was usually given as a coup de grâce in the back of the neck.

And every morning, a new miracle of being able to stick your little finger in your ear, because this was auricular proof, proof of life, and it was necessary to prove everything about anything.

CIEL D'ALSACE 45

Ciel garde tes distances
Soleil regarde et tais-toi
Que ce vacarme sur les toits
Manque de décence
Nuages passez en silence
Ces maisons éventrées
Que vous piétinez avec insolence
Sont aux avant-gardes de la liberté
Et ces chants de source
Que vous parcourez vent léger
Ce sont les champs de pleurs
Du beau pays de France.

Ciel garde tes distances
Soleil regarde et tais-toi
Allez nuages en cortège
Courez mages et va-nu-pieds
Quérir la plus blanche des neiges
Pour fleurir la cité meurtrie
Ciel   Soleil Vent léger
Passez sur la pointe des pieds

ALSATIAN SKY 45

Sky, keep your distance
Sun, watch and keep quiet
This fracas on the rooftops
Is lacking in decency
Clouds, move away in silence
These disemboweled houses
You paw in your insolence
Are the front-line of freedom
And these little streams
That you riffle in a light breeze
Are prairies of tears
Of the beautiful land of France

Sky, keep your distance
Sun, watch and keep quiet
Clouds, move in procession
Run, beggars and princes
For the whitest of snow
To garland the dead town
Sky Sun Light breeze
Go by on tiptoe

Claudel est mort.

Il avait bien mérité ques les cloches sonnassent ce jour-là. Elles se
turent.

Les sacristains de notre temps sont moins alertes que ceux du Moyen
Age, il a fallu que moi, athée, y mette la patte.

Parce que Claudel est à la poésie ce qu'est le clocher est au village.
Il pleut sur mon visage.

L'homme Claudel s'est trompé, l'orgue Claudel a chanté juste.

J'ai fermé les yeux, Je me suis cramponné à ma chaise jusqu'au faîte
du clocher de Villeneuve-sur-Fère, j'ai tiré sur la corde et les
cloches ont pleuré doucement.

Claudel est mort.

Il avait bien mérité que les cloches sonnassent ce jour-là.

Claudel has died.

All the church-bells should have been tolling for him that day. He
deserved as much.

They were silent.

The churchwardens of our time are less aware than those of the
Middle Ages, it has been left for me, an atheist, to stick my nose in.

Because Claudel is to poetry what the bell-tower is to the village.
The rain falls on my face.

Claudel the man made mistakes, Claudel the church organ sang
without a false note.

I shut my eyes, I hung on to my chair right up to the steepletop of the
bell-tower of Villeneuve-sur-fère, I pulled on the bell-cord and the
bells wept softly.

Claudel has died.

All the church-bells should have been tolling for him that day. He
deserved as much.

FRANCE

Ils disaient tous ma France
Ou la France éternelle
Et chacun te prenait un peu de plume à l'aile
Mais quand l'ennemi arriva
Les guérites étaient là
Et plus les sentinelles

Ils disaient tous ma France
Ou la France éternelle
Moi je t'aimais et je ne disais rien
Je n'avais pas seize ans
France tu t'en souviens

Ils disaient tous ma France
Ou la France éternelle
Je n'ai rien dit moi j'étais trop enfant
J'ai pris le fusil de la sentinelle
Et puis c'est fini maintenant

France
Pardonne-moi si je te le rappelle
Je me sens si seul par moments

Ils disaient tous ma France
Ou la France éternelle

FRANCE

They all said My France
or France Forever
And each one plucked another feather
When the enemy attacked
He found the picket-lines intact
And sentries

They all said My France
or France Forever
I was in love with nothing to say
not yet sixteen in love with you
France remember

They all said My France
or France Forever
What could I say I was too young
I took up the sentry's gun
And now it's done

France
excuse me for reminding you
At times I feel very much alone

They all said My France
or France Forever

Or, il est étonnant de constater, qu'une fois la guerre terminée, plus personne ne s'en soucia. Chacun rentra chez soi, pour son compte. Toutefois, les morts ne devaient jamais pouvoir justifier leur mort. Quant à ceux qui n'avaient pas de chez eux avant, ou qui l'avaient perdu entre temps, il leur fut plus que jamais impossible de se trouver des raisons de vivre. Les survivants n'intéressèrent pas longtemps ceux qui avaient vécu tant bien que mal.

Il n'était partout question que de surplus alliés. L'ordre, la hiérarchie, le bon sens unique reprenaient le dessus. Les héros les plus endurcis rétrécissaient au lavage; en quelques mois, on les retrouvait pères de famille, mécaniciens-dentistes, ventriloques ou fabricants de corde à linge. La plupart cependant devenaient chômeurs ou surnuméraires.

Le ciel, qu'un moment nous avions cru à tout le monde, redevenait à quelques-uns. Il n'y eut plus qu'à les souligner au crayon rouge et à attendre. L'ennui c'est que c'était fastidieux et terriblement déprimant. On avait l'impression de tourner une vis sans fin. L'espérance violée, le temps, l'âge, nous avaient tant changés, qu'il nous advint de prendre la clef des champs et d'éviter les artères pavées où circulait, exigeant et tenace, un souvenir de sang et de barricades.

Or, il est étonnant de constater

So, it's astounding to acknowledge that, once the war had ended, no one gave it another thought. Everyone went home to his own business. In any case, the dead could never have been able to justify their death. As for those who had no homes before, or who had lost them in the course of events, it was more than ever impossible for them to find reasons to live. Those who had got on as best they could were not interested for very long in the survivors.

Everywhere it was a question only of interconnected excesses. Order, hierarchy, good sense alone got the upper hand again. The toughest of all heroes shrank in the washing; after a few months, they were once more fathers of families, mechanics-dentists, ventriloquists or makers of clotheslines. Most, however, turned into beggars or became otherwise disposable.

Heaven, which for a moment we had believed was on everyone's side, returned to being on the side only of some. Nothing left but to mark them in red pencil and wait. The trouble was that this was boring and awfully depressing. It was like turning an endless screw. Disrupted hope, time, age, these had changed all of us so much that we took to the fields and left the large paved roads that kept in circulation an insistent and tenacious memory of blood and barricades.

Lorsque le matin est arrivé, j'étais vivant. C'était bon signe. J'ai allumé une cigarette; je n'aurais sans doute pas dû — la première est la plus nocive — et j'ai regardé par ma fenêtre. Sur un arbre, en face, il y avait deux corbeaux, je n'ai même pas eu la peine de les inventer. J'ai pris mon crayon, et j'ai écrit une lettre à Raymond Queneau, une de ces lettres que l'on n'envoie jamais.

Je lui disais, Monsieur, je suis content de moi, je ne me suis pas absolument inutile, j'aurais pu faire beaucoup moins que ce que j'ai fait.

Et puis encore, je suis content de vous, parce que vous êtes curieux et honnête.

Je suis content de vous et j'ai eu grande envie de vous dédier cet ouvrage, mais je n'en ai rien fait pour ne pas céder à l'envie, qui est une allumeuse.

(J'ai beaucoup lutté avec moi-même pour ce qui peut paraître un détail.)

Tout était possible, tout dépendait de moi, ce livre que j'aime assez, je le pouvais dédier : Aux « Sans-ciel-de-Montplaisir-La-Plaine », au soldat-inconnu, à l'étrange-étrangère qui l'aimera peut-être, et à personne.

Lorsque le matin est arrivé, j'étais vivant

When morning came, I was alive. A good sign. I lit a cigarette, I shouldn't have done that — the first one is the most harmful — and I looked out my window. In a tree right across from me were two crows, I didn't even have to bother to make them up. I took my pencil and wrote a letter to Raymond Queneau, one of those letters you never send.

I was telling him, sir, I'm happy with myself, I'm not absolutely useless, I could have been able to accomplish much less than I have.

And even more, I'm happy with you, because you are curious and honest.

I'm happy with you and I really did want to dedicate this work to you, but I did nothing not to give into that wish, which is the worst kind of flirt.

(I have struggled hard with myself for what might not look like much.)

Everything was possible, everything was depending on me, this book I rather like, I could dedicate it: To "The-heavenless-of-Montplaisir–Le-Plaine," to the unknown-soldier, to the foreign-man-or-woman who will someday like it perhaps, and to no one.

RUE DE LA VILLE-L'ÉVÊQUE

Il y avait un drapeau tricolore au-dessus d'une porte cochère, deux femmes à une fenêtre, des ouvriers qui déchargeaient un camion de son contenu de caisses en bois blanc et d'autres choses encore que j'ai oubliées, parce que je fume trop.

Mais surtout, il y avait un clochard odieux, un de ces mendiants sans cœur qui passent à vos côtés, riches de toutes leurs infirmités, un mendiant dont l'épaule droite touchait presque la hanche et qui trébuchait droit devant lui sans regarder personne, un mendiant qui ne chantait pas, un mendiant qui ne pleurait pas, un mendiant qui n'implorait pas, un mendiant qui ne mendiait pas.

J'ai dû lui résister dix minutes puis, vaincu, j'ai sorti une pièce de cent francs. Il l'empocha sans dire un mot. Je n'en pouvais plus. À bout de nerfs, je lui ai tendu une autre pièce et je suis parti en courant jusqu'ici.

THE RUE DE LA VILLE-L'ÉVÊQUE

There was a tricolor flag over an entrance-way, two women at a window, workers unloading a cargo of white wooden crates from a truck and some other things I've forgotten, because I smoke too much.

But especially there was a detestable bum, one of those heartless beggars who walk alongside you, rich in all their infirmities, a beggar whose right shoulder was nearly touching his thigh and who stumbled forward without looking at anyone, a beggar who didn't sing, a beggar who didn't weep, a beggar who didn't implore, a beggar who didn't beg.

I was able to hold out for ten minutes, then, defeated, I brought out a hundred-franc coin. He pocketed it without a word. There was nothing more I could do. At wits' end, I handed him another coin and then took off at a run until I arrived here.

À l'heure où les horloges passent d'une minute à l'autre
Sur la pointe des pieds
De peur de réveiller les enfants
Travestie en rêve
Elle est venue à ma rencontre
Le soleil tournait lentement sur lui-même dans ses pupilles
Où de longs voiliers blancs glissaient au rythme de son cœur de fillette
Ses dents étaient si blanches que les chevreaux et les okapis
Les préféraient au lait de leur mère
Son corps était si souple qu'en le voyant l'on pouvait penser
Qu'il était nourri de la même sève que ses cheveux
Ses cheveux dont j'ai perdu la couleur parce que j'ai fermé les yeux
Pour humer à pleines narines leur odeur de pousse sauvage
À l'heure où les horloges passent d'une minute à l'autre
Sur la pointe des pieds
De peur de réveiller les enfants

A l'heure où les horloges passent d'une minute à l'autre

At the hour when clocks move from one minute to the next
On tiptoe
For fear of waking the children
She came to meet me
Disguised as a dream
The sun turned slowly on itself inside her eyes
Where long white sailboats glided along to the rhythm of her little
girl's heart
Her teeth were so white that the young goats and okapis
Preferred them to their mothers' milk
Her body was so supple that when you saw it you could think
That it was nourished by the same lifeblood as her hair
Her hair the color of which I've lost because I closed my eyes
In order to breathe in the full odor of wild growth
At the hour when clocks move from one minute to the next
On tiptoe
For fear of waking the children

LES FILLES TRISTES

Elles habitent dans des maisons tristes coiffées de tuiles noires qui enlaidissent les gouttes de pluie.

Elles sont semblables au roseau efflanqué d'un tuteur, elles poussent droit. Jadis, elles portaient des bottines à boutons assortis à la couleur de leurs yeux; aujourd'hui elles se contentent d'un amour déçu — qu'elles ravaudent au jour le jour — un amour inépuisable, dans lequel elles puisent des raisons de vivre.

Si vous leur demandez une rue, elles vous répondent: "C'est à droite ou à gauche, mais redemandez, j'aurais trop peur de vous induire en erreur."

Si vous leur demandez l'heure — mais ne leur demandez pas l'heure. On ne demande pas l'heure aux filles tristes, ou quand on le fait, c'est en vain. Elles ne répondent jamais.

SAD GIRLS

They live in sad houses capped with black tiles that turn raindrops ugly.

They are like the thin stick holding a plant upright. they grow straight. There was a time when they wore button shoes that matched the color of their eyes; these days they comfort themselves with disappointed love — they keep mending and patching it day after day — an inexhaustible love, from which they draw their reasons for living.

If you ask them for a street address, they answer: "It's on your right or it's on your left, but ask someone else, I'm too afraid of sending you wrong."

If you ask them the time — but do not ask them the time. You don't ask sad girls for the time, or, if you do, it's useless. They never answer.

SOUS LE PONT D'AVIGNON

Ce soir je m'aime, je suis en bons termes avec moi. Ce soir je me supporte, je me tolère, je m'accepte, je me comprends. Ce soir, je suis en bonne intelligence avec moi et je me fais des clins d'œil.

Ce soir, je suis ma mère et n'en éprouve aucune honte. Ce soir, je vais dormir avec moi et j'accueillerai avec bienveillance le rêve le plus insignifiant, le plus enfantin, le plus puéril.

Ce soir, je laisse les adjectifs courir la sarabande, surajouter, expliquer, confier, confesser, "se mettre à table", ce soir je veux être généreux et téméraire.

Je ne me relirai pas.

J'écris sans penser à qui me lira, du moins je l'espère, ce soir je fais le mur de papier. Il est carnaval, Nice, onze heures moins dix, je suis dans un petit hôtel au lit avec une bronchite.

Il neige sur Nice, tandis qu'en Avignon, hier, une petite prostituée qui riait toujours, me racontait qu'elle était si malheureuse de son hilarité maladive, qu'elle guettait depuis l'âge de douze ans, les enterrements de petites filles, dans les quartiers déshérités, pour essayer d'obtenir de son âme aride une goutte de larme, et qu'elle n'y parvenait jamais.

Ce soir, je suis calme comme un arbre, j'ai des nids plein mes poches.

Sous le pont d'Avignon, en murmures multicolores, coule un étrange message d'amour.

UNDER THE AVIGNON BRIDGE

This evening I love myself, I'm on good terms with myself. This evening I can bear myself, tolerate myself, accept myself, understand myself. This evening, I'm on the same wave-length with myself and exchange winks.

This evening, I follow my mother and I feel no shame. This evening, I'm going to sleep with myself and welcome benevolently the most insignificant dream, the most childish, the most puerile dream.

This evening, I'm going to let adjectives dance to their own tune, append, explain, confide, confess, "sit at the table," this evening I want to be generous and bold.

I'm not going to reread myself.

I write without thinking who will read me, at least that's what I hope, this evening I make a wall of paper. It is Carnival, Nice, ten minutes to eleven, I'm in bed with bronchitis in a small hotel.

It's snowing in Nice, while in Avignon, yesterday, a little prostitute who laughed without stopping told me she was so unhappy about her inappropriate hilarity that ever since she turned twelve she has been keeping an eye out for the burials of little girls in run-down neighborhoods to try to draw from her dry soul a single teardrop, and that she has never succeeded.

This evening, I am as calm as a tree, pockets full of nests.

Under the Avignon bridge, in multicolored murmurings, flows a strange message of love.

CHEMIN SANS ISSUE

Allez-vous-en
Qui n'avez pas connu
Les puits sans fond de l'estomac
Les nuits violettes sous les ponts
Dépourvus de hamac
Le pain dur dans le café noir
Parmi les putes et les macs
L'Allemand et le flic avec
Plus d'un tour dans son sac
Et le tac-tac   tac-tac
Qui fait d'un copain de Langeac
Ou d'Apremont
Un mort qui n'avait qu'un prénom

DEAD-END ROAD

Get out of here
If you have never known
Bottomless pits in your stomach
Purple nights under bridges
With nothing to sleep on
Hard bread in black coffee
Among hookers and pimps,
The German and the cop with
More than one trick up his sleeve
And the rat-a-tat   tat-tat
That turns a comrade from Langeac
Or Apremont
Into a dead man with only a first name

LES LANTERNES TRAGIQUES

Les lanternes tragiques n'ont rien de commun avec les lanternes magiques. De plus, elles sont beaucoup plus rares et précieuses.

Un enfant doux surprend par hasard sa mère, dans les bras d'un amant. Si l'enfant a les yeux bleus, ses yeux, sur l'instant, se changent en lanternes tragiques; s'il a les yeux noirs, ses yeux se changent en lanternes tragiques; s'il a les yeux marron, ses yeux se changent en lanternes tragiques; s'il a les yeux verts, ses yeux se changent en lanternes tragiques; s'il

Les lanternes tragiques n'ont rien de commun avec les lanternes magiques. De plus, elles ne s'allument qu'une fois.

TRAGIC LANTERNS

Tragic lanterns have nothing in common with magic lanterns. More than that, they are far more rare and precious.

A sweet child by chance surprises his mother in the arms of a lover. If the child has blue eyes, his eyes, at that instant, change into tragic lanterns; if he has black eyes, his eyes change into tragic lanterns; if he has brown eyes, his eyes change into tragic lanterns; if he has green eyes, his eyes change into tragic lanterns; if he

Tragic lanterns have nothing in common with magic lanterns. More than that, they are lit only a single time.

Je n'ai rien inventé

            Pas même mon cœur

Mais je l'ai accepté

            Écouté battre avec indulgence

J' écoute mon cœur battre

            Parce qu'il est une des voix

Du chœur immense qui traverse le temps

Au bras dur des saisons et des siècles

Je n'ai rien inventé

            Pas même mon cœur

Je n'ai rien inventé

I have invented nothing
                Not even my heart
But I have come to accept it
                To listen with indulgence to its beat
I listen to the beating of my heart
                Because it is one voice among many
In the vast chorus that crosses time
In the hard grip of seasons and centuries
I have invented nothing
                Not even my heart

from **DIAGONALES**
(1960)

J'en suis au terme d'un dimanche d'octobre
        de l'an
                    mil neuf cent cinquante-huit
Il est neuf heure vingt   Ma vie je
la conçois comme
un spectacle de cirque   l'éléphant n'y est rien
sans l'acrobate
                    l'accident
fait partie du rite   à deux mètres
        derrière un mur un homme
        recharge une chaudière
je ne l'ai jamais vu   pourtant je
sais qu'il doit
                    mourir
            Ici le crayon m'échappe
Lydia la petite
écuyère blanche
            rêve d'épouser
                    Tonio dans
la cage aux fauves
il est dix heures
moins vingt-cinq
            (cela ne saurait durer)
Le plus dur est accompli
        j'ai franchi   trente ans
le reste c'est de la descente
    Au demeurant j'aurais mieux fait de me
        taire   jadis le
poète était maudit   maintenant il est
méprisé

J'en suis au terme

I've come to the end of an October Sunday
   in the year
       nineteen-hundred fifty-eight
It is nine-twenty   My life I
see it as
a circus act   the elephant is nothing
without the acrobat
          accident
is part of the ceremony twenty feet
     behind a wall a man
   is stoking a boiler
I have never seen him   but I
know he will
               be dead
        Here the pencil gets away from me
Lydia the little
blonde bareback rider
      dreams of marrying
                Tonio in
the tiger cage
it is twenty-five
of ten
     (it can't last)
The hardest part is over
     I've passed
               thirty
the rest is downhill
   After all I might have done better to
     shut up once the
poet was damned   now he is
despised

LÉGENDE

Un monarque curieux, désireux de connaître la pensée de son entourage, un jour se déguisa en gueux et vint frapper à la porte de son château.

On le pendit si bien qu'il ne sut jamais s'il était mort pour s'être importuné ou pour avoir importuné les autres.

Cela se passait en des temps où l'histoire s'écrivait de bouche à oreille. Les hommes se battaient afin d'avoir quelque chose à raconter aux enfants durant les soirs d'hiver, les femmes filaient la laine et sur le tablier des cheminées d'auberge, d'énormes pipes disaient à qui les regardait la façon du propriétaire.

LEGEND

An inquisitive monarch, wanting to know what his court was thinking, disguised himself as a beggar one day and knocked at the door of his own castle.

They hanged him so efficiently that he never learned if he died for having pestered himself or for having pestered other people.

This occurred when history was written from mouth to ear. Men fought to have something to tell their children on winter nights, women spun wool, and on tavern mantels huge pipes spoke to whoever looked at them of the style of the innkeeper.

ALÉSIA

Février est aux portes de
la ville
Je mets dans ces mots qui s'en
vont toutes mes raisons
d'être j'ouvre la bouche
J'ouvre la bouche plusieurs fois
Essayez d'être à mes côtés
Regardez
Février est aux portes de
la ville
Les branches dépourvues
de feuilles jouent des hanches
L'arbre recule
Il y a toujours une petite branche
qui s'agite imperceptiblement
A la perdre de vue le vertige nous
prend
La fixité désarme
C'est le secret du peintre
J'ai retrouvé ma branche bougeante
Me voici rasséréné
Capitaine on
vous demande
Février est aux portes de la ville
Un oiseau petit comme un boulet de
charbon s'est planté sur une branche
Comptez sur moi je l'observe
S'il bouge je l'écrirai
Mais voilà qu'il a disparu
Si au moins une mouche passait
J'ai retrouvé ma branche bougeante
Physiquement je sens
mon cœur
Les bruits de la rue me hérissent
Ils sont inamicaux

ALÉSIA

February is at the gates of
the town
I insert into these fleeing
words all my reasons
for being alive I open my mouth
I open my mouth more than once
Try standing here at my side
Look
February is at the gates of
the town
The branches stripped
of their leaves play with their hips
The tree steps back
There is always one little branch
that shivers imperceptibly
When we lose sight of it we get
dizzy
Fixation is disarming
That's the painter's secret
I see my twitching branch again
And am soothed
Captain they're
calling you
February is at the gates of the town
A small bird like a lump of
coal has perched on the branch
Count on me to watch
If it budges I will write it down
But it's gone
If only even a fly were on the wing
I see my twitching branch again
Physically I feel
my heart
The sounds from the road raise my hackles
They are unfriendly

Une branche bouge une branche
bouge Essayez d'être à mes
côtés Une branche bouge
Rappelez-vous Capitaine
Rappelez-vous notre jeunesse
Février est aux portes de la ville

A branch twitches a branch
twitches Try standing here at my
side A branch twitches
Remember Captain
Remember our childhood
February is at the gates of the town

pour Anne Clancier

Quand un poète voit un marronnier
de la fenêtre d'un hôtel
il dit je vois un marronnier
de la fenêtre d'un hôtel
il désigne le marronnier
parce qu d'habitude personne
ne s'aperçoit de sa présence
Il dit je vois un marronnier
et sous le marronnier il y a une petite
fille avec des cheveux noirs et
ses cheveux sont séparés en deux
nattes
Il désigne la petite fille
parce que d'habitude personne
ne s'émeut de la présence d'une
petite fille sous un marronnier
il dit le poète que les marronniers
n'existent pas sans les petites filles
que les marrons
réchauffent le cœur et que les
petites filles mangent les marrons chauds
pendant que les petits garçons grimpent
dans les branches
Quand un poète voit un marronnier
de la fenêtre d'un hôtel
Il regarde à travers les feuilles
et il voit le visage de celle qu'il aime
(ou qu'il fait semblant d'aimer)
Puis il laisse les feuilles s'envoler entre elles
et doucement par les racines de l'arbre il descend
jusqu'à la terre.
Et si ce poète est de France
Iln dit cette terre est ma terre
Elle est la terre de France
Et la France est un beau pays
Puis il se tait

Quand un poète

When a poet sees a chestnut tree
from a hotel window
He says I see a chestnut tree
from a hotel window
He picks out the chestnut tree
because in the ordinary course of things
nobody notices
He says I see a chestnut tree
and under the chestnut tree a little
girl with dark hair and
her hair is drawn apart in two
braids
He picks out the little girl
because in the ordinary course of things
nobody feels the presence of a
little girl under a chestnut tree
The poet says that chestnut trees
do not exist without little girls
that chestnuts warm the heart and that
little girls eat warm chestnuts
while little boys clamber
in the branches
When a poet sees a chestnut tree
from a hotel window He looks across the leaves
and sees the face of the one he loves
(or the one he pretends to love)
Then he lets the leaves take off
and quietly along the roots of the tree he climbs down
to the ground.
And if the poet is French
He says this ground is my ground
This is the ground of France
And France is a beautiful country
Then he shuts up

DE L'ITALIE PRÈS DE NAPLES

Le quinzième jour du mois de mars, César fut assassiné. Les commentaires allaient bon train. Avec d'infinies précautions, un Romain, un Romain original, grave l'histoire de la vie et de la mort du dictateur sur une pierre fine et bleue comme il en est encore quelques-unes du côté de Naples.

Pour décrire l'agonie de César, il dessina une cloche, sous la cloche, il dessina une échelle, sous l'échelle, un sentier sur lequel des enfants jouaient. A côté du sentier, il dessina une verre à boire, rond, sans pied, un vase si petit qu'en supposant qu'il en existât jamais de semblable, il ne pouvait qu'être destiné à donner à boire aux oiseaux.

Je vis, moi qui passais de ce côté tard après l'événement, un médecin regarder avec attention les travaux de l'artiste romain. Silencieux, il examinait le mouvement des enfants sur le sentier.

A deux pas de ces lieux, il y avait une volière emplie d'oiseaux qui picoraient des graminées et s'affairaient à leur toilette.

Un marchand ambulant qui vendait des glaces, tourna autour de nous et nous offrit sa marchandise. Il avait les paupières bordées de petites tumeurs, ce qui me fit penser qu'il lui fallait beaucoup de courage pour travailler ainsi sans se plaindre. Les amis qui m'accompagnaient, parlaient de donner au pauvre homme une bonne raclée. Ils disaient aussi qu'il devait être plus ou moins honnête, qu'il appartenait à l'espèce des grenouilles, que ses glaces devaient propager des maladies virulentes et peut-être même la rage.

L'homme finit par pousser sa carriole plus loin. C'est un touche-à-tout, ajouta encore quelqu'un qui le regardait partir.

Dans la volière, une tourterelle, animal délicat comme une touche de piano, refusait ces graines qui peuvent, après avoir été desséchées, reprendre vie à l'humidité.

Fatigué, je me soutenais à une idée qui me revenait sans cesse. J'avais chaud, j'avais soif, j'étais loin de ma demeure.

Éclaboussé par les paroles désobligeantes que mes amis avaient prononcées à propos du marchand ambulant, je souhaitais entendre une chanson populaire du pays, dans la langue même du pays, sur un sujet triste ou pieux.

FROM ITALY NEAR NAPLES

The fifteenth day of March, Caesar was killed. The commentaries had a field day. With painstaking care a Roman, a Roman from Rome, etches the history of the life and death of the dictator on a fine blue stone like those still to be found near Naples.

To describe Caesar's pain he designed a bell, under the bell he drew a ladder, under the ladder a path where children were playing. Next to the path, he drew a drinking glass, round, stemless, a vessel so small that to imagine something like it could ever exist, it could only be meant for the drinking convenience of birds.

I saw, I who came here long after the event, a doctor carefully watching the Roman artist at work. Silent, he studied the movement of the children on the path.

A stone's throw away, there was an aviary filled with birds scratching up grasses and busy at their grooming.

An ice-cream peddler circled us and cried his flavors. The pupils of his eyes were edged with small growths that made me think how brave he was to work like that without complaint. My traveling companions talked about beating him up. They also said that he might or might not be honest, that he was a kind of frog, that his ice cream probably carried virulent diseases and maybe even rabies.

The man finally wheeled his cart farther away. He's a hustler, added somebody who watched him go.

In the aviary a turtledove, an animal delicate as a piano key, refused those seeds that can, after having been dried, take life again from moisture.

Worn out, I held to one idea that wouldn't let go. I was hot, I was thirsty, I was far from home.

Smeared by the ugly talk about the peddler my friends had indulged in, I wished I could listen to a popular folksong, in the local dialect, something sad or reverent.

I would have liked to encounter somebody able to understand the odd drawing, or at least somebody who would notice.

I was tired of small talk. I longed for an accomplice, at least a companion to share silence with, a woman who might have opened the small aviary door to allow the turtledove, an animal sensitive as a piano key,

J'aurais aimé rencontrer quelqu'un capable de commenter le curieux dessin, ou à défaut quelqu'un qui fît une remarque.

J'étais las des commérages. Il me manquait un complice, ou mieux une compagne avec qui partager le silence, une femme qui aurait ouvert la petite porte de la volière pour que la tourterelle, animal qui est aussi tendre que la touche d'un piano puisse aller se désaltérer dans le vase à boire rond, sans pied, si petit qu'en supposant qu'il en existât jamais de semblable, il ne pouvait qu'être destiné à donner à boire aux oiseaux.

to go quench its thirst in the small, round, stemless drinking vessel, so small that to imagine something like it could ever exist, it could only be meant for the drinking convenience of birds.

STÉRÉOSCOPE

Son père était contrebandier
Sa mère répétait sans cesse
Vous verrez
Vous verrez
Ce n'est que le commencement
Un jour que son père
avait bu
Nous étions si occupés
que nous ne l'avions pas entendu
Il a arraché la page où
j'écrivais ces lignes
et l'a jetée dans la cheminée

STEREOSCOPE

His father was a smuggler
His mother never stopped saying
You'll see   :
You'll see
This is only the beginning
One day when his father
had been drinking
We were so distracted
we didn't hear him
He ripped out the page
I was writing these lines on
and threw it in the fire

Hier, je suis allé au cirque. Maintenant je pense à vous. C'est le numéro de trapèze que j'ai préféré, rien ne resemble autant à une page d'écriture.

Un instant, j'ai eu envie de m'engager dans la troupe, mais l'on m'aurait congédié, puisqu'il ne faut pas déranger les filles quand elles changent de costume.

Hier, je suis allé au cirque. Maintenant je pense à vous.

Hier, je suis allé au cirque.

Yesterday I went to the circus. Now I'm thinking of you. I liked the trapeze act best, nothing else is so much like a page of writing.

For a moment I wanted to join the troupe, but they would have kicked me out, since you're not supposed to bother the girls while they change into their costumes.

Yesterday I went to the circus. Now I'm thinking of you.

FORLIGASSE

Dans les saules, blessé à mort, n'osant se plaindre ni tenter quelque chose, Forligasse regardait le sang s'échapper de son ventre et couler le long de ses membres.

Sous le foie, le fer avait pratiqué un large triangle par où la mort montrait les dents de sa fourche. Un masque de satin blanc fixé aux oreilles et à la commissure des lèvres s'empara de son visage.

Une enfant de cinq ans découvrit sa dépouille. Maman, dit l'innocente, j'ai recontré un homme plié en quatre sur la terre, je l'ai prié de se lever, mais il n'en a rien voulu faire.

Deux mois plus tard, Manassé fut assassiné par ses officiers, puis devint sujet de multiples bas-reliefs.

FORLIGASSE

Among the willows, mortally wounded, not daring to complain or to attempt anything at all, Forligasse watched the blood run out of his belly and along his limbs.

Under his liver, the iron had worked out a wide triangle through which glinted the tines of death's pitchfork. A white satin mask over his eyes and where his lips came together monopolized his face.

A five-year old girl discovered his remains. Mommy, the little innocent said, I met a man bent four ways on the ground, and I asked him to please get up, but he didn't do anything.

Two months later Manassah was killed by his own officers, then served as the subject of several bas-reliefs.

REFRAIN

Accordéon violon boiteux
Toi qui tutoies n'importe qui
Dis-moi pourquoi quand on est deux
On n'entend plus tomber la pluie

REFRAIN

    Accordion limping fiddle you
who are intimate with all
Tell me why when one is two
one doesn't hear the rain fall

LES PIROGUES

Je lève les yeux
et je vois le ciel sur les toits
Alors je m'aperçois que je n'ai pas levé les yeux
et que j'ai vu le ciel
Je le jurerais sur ma vie
J'écris tout haut
ce que je pense tout bas
J'écris qu'un Irlandais sourit dans le brouillard
et qu'il a l'air d'un ange
rasé de frais
Je me souviens très exactement
de ma première demeure
du lait renversé
de Madame Barquet
de la longue vue
et du matin de lin
où disparut ma mère
Je parle avec des soldats
qui sont morts dans les batailles
dont nul ne connaît le nom
Je me baigne dans des rivières que je n'ai
jamais vues
Des filles de quinze ans traversent le soleil
sur des pirogues rouges
Je lève les yeux et je vois le ciel sur les arbres
Alors je m'aperçois que je n'ai pas levé les yeux
et que j'ai vu le ciel
Je le jurerais sur ma vie

THE CANOES

I lift up my eyes
and I see sky on the rooftops
Then I notice I haven't lifted my eyes
and I have seen the sky
I would swear it on my life
I write out loud
what I think under my breath
I write that an Irishman is smiling in the fog
and that he seems like an angel
freshly barbered
I remember quite exactly
my first address
spilt milk
far sighted
Madame Barquet
and the flaxen morning
my mother disappeared
I talk with soldiers
who died in battles
everyone's forgotten
I swim in rivers I have
never seen
Fifteen-year-old girls cross the sun
in red canoes
I lift up my eyes and see sky in the trees
Then I notice I haven't lifted my eyes
and I have seen the sky
I would swear it on my life

PLACE SAINT-MARC

À Elyane Simon

Imagine-toi dans quel état j'avais le cœur
J'étais à Venise pour la première fois
Place Saint-Marc
Avec mille lires dans la poche
A peu près mille lires
Les pigeons étaient ivres de musique
Tu connais Venise mieux que moi
Tu connais les Italiens
Leur musique leurs pigeons
J'étais totalement désemparé
A neuf heures l'idée me vient par hasard
Que je n'avais pas mangé depuis la veille
La veille j'avais déjeuné d'une orange
J'accoste une femme
Elle poursuit sa route
J'ai de la chance j'en rencontre une autre
Elle rit Je ris
Mais à peine ai-je mentalement construit
une phrase à son intention
Que je me souviens être en Italie
Et ne pas connaître sa langue
J'attrape un pigeon par une aile
Il me donne un coup de chapeau et s'envole
Imagine-toi
Dans quel état j'avais le cœur
J'étais à Venise pour la première fois
Avec mille lires dans la poche

PIAZZA SAN MARCO

Imagine for yourself what was in my heart
I was in Venice for the very first time
Piazza San Marco
With a thousand lire in my pocket
About a thousand lire
The pigeons were drunk on music
You know Venice better than I do
You know the Italians
Their music their pigeons
I was totally adrift
At nine o'clock it suddenly occurred to me
That I hadn't eaten since the day before
The day before I had an orange for lunch
I stop a woman
She keeps on going
I'm lucky I bump into another
She laughs I laugh
But even before I have a line
ready in my mind
I remember I'm in Italy
And don't know the language
I catch a pigeon by the wing
It claps me on my hat and flies off
Imagine for yourself
What was in my heart
I was in Venice for the very first time
With a thousand lire in my pocket

LA MAISON SANS MOI

Penché sur le bord de la page
Je crie des sottises
Je voudrais gober une étoile
Casser la figure
          à un ange
Ou faire de la vespa
Sur les plaines vernies de
              la lune
Je voudrais
danser
sur l'échine d'un paléothérium
Tandis que naîtrait un bel arbre
flexible et rationnel
      dans le creux de ma main
Bref
Je voudrais gober une étoile
Casser la figure à un ange
Ou faire de la vespa
Sur les plaines vernies de
              la lune

THE HOUSE WITHOUT ME

Leaning on the edge of the page
I shout out stupidities
I would like to swallow a star
Bust out the lights
                of an angel
Or take a leak
On the lacquered plains of
                    the moon
I would like
to dance
on the backbone of a paleotherium
While it gave birth to a fine and flexible
tree of reason
        in the palm of my hand
In short
I would like to swallow a star
Bust out the lights of an angel
Or take a leak
On the lacquered plains
                of the moon

CAHIN-CAHA

J'avais six ans, j'avais six ans depuis la veille. Alice en avait dix, Arlette avait treize ans. Autour de nous s'agitaient les grandes personnes, des tantes, des oncles et tout ce monde vivait à Peyrus, là où *les Pré-Alpes font de petites montagnes, non point effrayantes ni austères mais humaines, que les hommes parsèment de chèvres et de maisonnettes.*

J'avais six ans depuis la veille et si j'en fais état, ce n'est pas tant à cause de ceci qu'à cause de cela: les arbres et les chats parlaient.

Ne vous méprenez pas si j'insiste sur ce point apparemment imaginaire, mais repensez plutôt à votre réaction. Si vous avez ri en lisant cette affirmation, c'est que vous êtes mort, si vous avez souri, c'est que vous êtes presque mort, c'est que votre âme (je dit votre âme pour me mieux faire comprendre) est presque morte.

J'avais six ans et le passage d'une fillette dans la rue me rendait rouge comme une pomme, depuis je sais pourquoi.

Les filles sont déconcertantes. D'un côté c'est la source, de l'autre l'océan. Puis passe un nuage dans le ciel, un nuage invisible et elles s'évanouissent.

J'avais six ans, depuis la veille.

SO-SO

I was six years old. I had turned six the day before. Alice was ten, Arlette thirteen. The grown-ups around us kept themselves busy, aunts, uncles and everybody lived in Peyrus *where the foothills of the Alps become small mountains, in no way frightening or austere but human, where men scatter their goats and cottages.*

I had turned six the day before and if I make a point of it, it isn't so much because of this as because of that: the trees and the cats were talking.

Don't take me wrong if I insist on this apparently imaginary point, but think back to your reaction. If you laughed, reading this statement, then you're dead; if you smiled, you're nearly dead, your soul (I say your soul to be more easily understood) is nearly dead.

I had turned six and a little girl going by in the street made me go red as an apple, now I know why.

Girls are disconcerting. On one side there's a little stream, on the other the ocean. Then a cloud passes in the sky, an invisible cloud and they disappear.

I had turned six the day before.

La gare de   dit une voix. La voiture fit marche arrière. On voyait luire les lumières des maisons. C'était le soir, il commençait à faire froid.

Sur le toit d'un chalet, une traînée de fumée montait derrière les arbres et l'on entendait les boggies sur les rails.

Le train s'engagea dans une voie latérale et s'arrêta dans un grincement de freins et de tampons.

La voie est libre, cria une voix.

C'était le soir, il commençait à faire froid. On voyait luire les lumières des maisons. Un chalet qui s'était jeté en hâte une cape blanche sur les épaules, fumait paisiblement.

La gare de

Station is   said a voice.

The coach jerked forward. We saw lights shining from the houses. It was evening, and turning cold.

Over a cottage roof a track of smoke climbed behind the trees and we listened to the carriages on the rails.

The train switched onto a siding and stopped with a scrape of brakes and couplings.

All clear, shouted a voice.

It was evening, and turning cold. We saw lights shining from the houses. One cottage had hurriedly thrown a white cape over its shoulders and was quietly smoking.

EVENING JAZZ

Un soir Marcelle et moi avions reconduit Raymond Queneau à
Neuilly quand l'idée d'ameuter le quartier m'assaillit   J'avais envie
de hurler

Paris est une table renversée
par un danseur ivre
un bouton de fièvre à la
commissure des lèvres
une adresse griffonnée sur le
dos d'une boîte d'allumettes

Une automobile passa   à l'intérieur de cette automobile quatre
femmes ravissantes l'une s'appelait Solange l'autre Armelle Celles qui
étaient assises sur la banquette arrière s'appelaient toutes deux Laurence
    Surtout je t'en supplie ne fais pas d'imprudences
Mon trouble résultait de ce que j'étais sûr de connaître chacune de ces
jeunes femmes mais qu'il m'était impossible de le prouver ou de
l'expliquer à qui se soit
    Seigneur l'aubergiste et Courbet s'imposèrent à mon esprit
puis ce fut l'escalier et la passerelle
    Un couple s'arrêta
        Tu es comme mes talons dit l'homme tu ne
raisonnes bien que lorsque tu es sur le pavé mourir n'est pas une
preuve

EVENING JAZZ

One evening Marcelle and I had accompanied Raymond Queneau
home to Neuilly when the idea of howling the whole neighborhood
awake came over me   I wanted to shout

Paris is a table turned upside down
by a drunken dancer
a fever sore on the
corner of the lips
an address scrawled on the
back of a pack of matches

A car passed passed by inside this car four stunning women one
named Solange the other Armelle Those who were sitting in the back
seat were both called Laurence

    I beg you above all not to do anything stupid
My trouble arose because I was positive I knew each of these young
women but it was impossible to prove that or to explain it to anyone

    Milord the innkeeper and Courbet forced their way into my mind
and there was the staircase and the footbridge

    A couple stopped

You are like my heels the man said you think

properly only when you are on the sidewalk dying is not a proof

LES NUITS MAUVAISES II

Sur ton socle de fumée
Nuit
Tu nargues la ville

On ne peut pas savoir
Quand dorment les quartiers
D'où viennent les automobiles

C'est encore à toi que je pense

L'amour passé a le bras long
Tu marchais maintenant tu danses

Je te disais tu faibliras
La jeunesse te fait très forte
Mais dame raison surgira
Qui fera claquer notre porte

Dans un hôtel imaginaire

La nuit précédée de ses mercenaires
Tranche la gorge de la nuit

BAD NIGHTS II

On your pedestal of smoke
Night
You mock the city

It's impossible to know
When those neighborhoods sleep
Where the cars come from

I'm still thinking of you

Past love has a long arm
You used to walk now you dance

I told you, you will weaken
It's youth that gives you power
But when lady reason wakens
She will slam our door

In an imaginary mansion

Night with its mercenaries going on before
Slits the throat of night

LA FORÊT OUVERTE

Voilà maintenant que le jour s'esquive
à reculons
La liberté dérive
La joie trébuche
Au pied d'un buisson de verre une fille somnole
J'ai perdu l'usage du cœur
Plus tard les arbres (qui sont à la poésie ce qu'est
le chatterton à l'électricien)
gueulent en silence
Il y a l'arbre décidé
Celui qui revient de guerre
La forêt d'orgue
L'arbre qui a compris
Sur la colline saupoudrée d'oliviers
Il y a l'olivier qui se retire dans son ombre
L'arbre évadé
Celui qui prend le mors aux dents
Il y a le sapin bardé de décorations
Le saule
Le saule désuet qui trempe ses lustrines dans la rivière
Sous l'œil des chèvres ironiques
Il y a l'arbre pendu à sa plus haute branche
Il y a l'arbre perdu
La musique qui nous tire des larmes
Les coins de table où nous posons nos coudes pointus
Lorsque nous tenons notre tête avant qu'elle s'envole
Puis il y a l'amitié
Sans qu'on puisse dire d'où elle vient
Ni si elle est durable

THE OPEN FOREST

Oh look now the day is sneaking away
backwards
Freedom drifts
Joy stumbles
Underneath a glass shrub a girl is napping
I have lost the use of my heart
Later the trees (which are to poetry what
tape is to the electrician)
howl in silence
There is the determined tree
The one who comes back from war
The forest of pipe-organ
The tree that understood
On the hill dusted with olive trees
There is the olive tree that retreats into its shade
The escaped tree
The one who takes the bit in its teeth
There is the pine covered with ornaments
The willow
The old-fashioned willow that dips its lustrings in the river
Under the eye of ironic goats
There is the tree hung on its highest branch
There is the lost tree
The music that brings tears to our eyes
The table corners where we rest our sharp elbows
When we hold our head before it flies off
Then there is friendship
Without anyone being able to say where it comes from
Nor if it will last.

PLACE ST-ANDRÉ-DES-ARTS

Je n'ai pas dit voici le poète. J'ai dit, alors que tous bavardent, le poète parle et quand il décide de vivre, c'est jusqu'à plus ample informé.

Elle ne pouvait même plus supporter la vue d'une affiche. Elle disait: nous avons rencontré des juifs, des communistes, des gendarmes, des marchands de tabac, des garçons de café, des voleurs, des honnêtes gens. (Tout le monde sait que les honnêtes gens sont des salauds.)

Elle le disait de plus en plus vite et de plus en plus haut, chaque fois elle en ajoutait. Un jour, pensais-je, elle ne pourra plus s'arrêter.

Ils inventeront une guerre, disait-elle, je t'assure qu'ils en inventeront une exprès pour nous deux, une guerre don't personne n'entendra parler.

Je n'ai pas dit voici le poète. j'ai dit, alors que tous bavardent, le poète parle et quand il décide de vivre, c'est jusqu'à plus ample informé.

PLACE ST-ANDRÉ DES ARTS

I didn't say here's the poet. What I said was, while everybody natters on, the poet speaks and, when he chooses to live, it's with the best information available.

She couldn't even stand to look at a poster any more. She was saying: we met Jews, Communists, cops, tobacconists, busboys, thieves and ordinary people. (Everybody knows ordinary people are bastards.)

She was saying this faster and faster and louder and louder, each time throwing something else in. The day will come, I was thinking, when she won't be able to stop.

They'll come up with a war, she was saying, I assure you they'll come up with one just for the two of us, a war nobody will ever hear about.

I never said here's the poet. What I said was, while everybody natters on, the poet speaks and, when he chooses to live, it's with the best information available.

PORT-VENDRES

Une vague sort de l'eau et ajuste son bas d'or. Ingrid danse devant une valise comble de vêtements de toutes sortes, dont un chapeau décoré de fuchsia. Il fait chaud.

Pour épater Ingrid, un garçon à la voix louche parle de Porto-Rico. Une vague sort de l'eau et d'un dernier coup d'épaule, jette sa gerbe sur la sable.

PORT-VENDRES

A wave leaves the water and adjusts its golden stocking. Ingrid dances in front of a suitcase heavy with all kinds of clothing, including a hat adorned with fuchsia. It's hot.

To get at Ingrid, a boy with an insinuating voice talks about Puerto Rico. A wave leaves the water and with one last thrust of its shoulder casts its foam onto the sand.

POUR UNE FILLE DE FERME RETROUVÉE MORTE DANS UN PUITS

Le soleil ne se lèvera plus
Le soleil ne se lèvera plus Marinette
Le soleil ne se lèvera plus Marie
Il est parti (le soleil)
Je ne sais pas pourquoi il est parti
Je ne sais pas où il est parti
Je ne sais pas jusqu'où il est parti
Le soleil ne se lèvera plus Marinette
Le soleil ne se lèvera plus Marie
Ferme la porte les fenêtres
Ferme les mains ferme les yeux
Ferme les bras Ferme tout
Ce qui était ouvert à tous les vents
Sans cesse
Ferme les les feuilles des arbres
D'où partaient les chenilles
Qui devenaient des papillons
Fermes les bornes de la route
    La route
Qui menait toujours quelque part
Ferme la porte Ferme les fenêtres
    N'en oublie aucune
Ferme les yeux Marinette
Le soleil ne se lèvera plus
Il est parti (le soleil)

FOR A FARM GIRL FOUND DEAD
IN A WELL

The sun will rise no more
The sun will rise no more Marinette
The sun will rise no more Marie
It's gone (the sun)
I don't know why it's gone
I don't know where it's gone
I don't know how far it's gone
The sun will rise no more Marinette
The sun will rise no more Marie
Close the door the windows
Close hands close eyes
Close arms close everything
That was open to the wind
Always
Close leaves on the trees
Caterpillars left
To turn into butterflies
Close milestones on the road
    The road
That always led somewhere
Close the door close the windows
    Don't forget a single one
Close your eyes Marinette
The sun will rise no more
It's gone (the sun)

ÉTUDE EN NOIR SUR VERT

Des coups de trique
Au petit jour
Le tour de la nuit
Alors je suis tombé
Trois sentinelles se tenaient debout
Il descendit les marches
      Rajusta sa casquette
Tira de sa poche un paquet de tabac
et roula prestement une cigarette
en jetant un coup d'œil vers mon corps étendu
Un espoir
Le premier
Traversa mon esprit
J'essayai de m'imaginer les arbres du bois de Vincennes
la gare de Lyon
la petite infirmière
Lise sur son lit
Peu à peu l'obscurité s'empara de moi
Un camion s'arrêta
Des hommes sautèrent et contournèrent le baraquement
Son âge demanda quelqu'un
De chaque ruelle surgit une dizaine d'Allemands
Les civils parlaient français
Les militaires se taisaient
En tout cas je ne les entendis jamais parler
Leurs voix s'entretenaient à voix basse
Vous vous êtes trompés dit l'une d'elles
Vous êtes des ânes
Retournez là-bas et fouillez les fossés
Foutez le camp salauds
Le lendemain le vent soufflait
agitant les planches du baraquement
et sans doute les branches des arbres
Les rafales des armes automatiques endommageaient
le printemps
Les fruits mûrs tombaient

STUDY IN BLACK ON GREEN

Truncheon blows
At first light
The night watch
So I fell
Three sentries stayed on their feet
He went down the steps
    Cocked his helmet
Drew tobacco out of his pocket
and quickly rolled a cigarette
glancing over my sprawled body
A hope
The first one
Crossed my mind
I tried to imagine trees in the Bois de Vincennes
the railroad station in Lyon
the little nurse
Lise on her bed
Little by little the darkness took me in
A truck stopped
Men jumped out and passed behind the barracks
His age someone asked
Squads of Germans surged out of every alleyway
The civilians spoke French
The soldiers said nothing
At least I never heard them talking
They kept their voices low
You are mistaken said a voice
You are asses
Go back and search the ditches
Get out of here you bastards
The next day the blowing wind
shook the boards of the barracks
and most likely tree branches
Volleys of automatic rifle fire ruined
the spring
Ripe fruit fell

CELUI QUI ATTEND

Si dans cinq minutes elle n'est pas là je m'en vais
Il est dix heures
Dix heures moins deux
Et encore je dois retarder un peu
Voyons je ne me trompe pas
Nous avions bien dit
Mais qu'est-ce que nous avions dit
C'était dans le hall ici
Elle a acheté une carte postale
Deux cartes postales trois cartes postales
Elle a maudit la bride de sa sandale Elle a souri
à ce garçon stupide
Il est presque vingt
La voilà Non
Ce n'est pas elle
Celle-ci je l'ai déjà vue quelque part
Il me semble bien qu'elle ne m'est pas inconnue
C'était à
la voilà
Non ce n'est pas elle
C'est même tout le contraire d'elle
Je m'en vais
Si je reste une minute de plus
J'aurai l'air de quoi
Je fume une cigarette et je m'en vais
Nos avions dit dix heures
Lundi dans le hall
À moins
À moins
que je n'aie mal compris
À moins que ce ne soit mardi dix heures
C'était dans le hall
Ici
Elle a acheté une carte postale
Deux cartes postales

WAITING

If she isn't here in five minutes I'm leaving
Ten o'clock now
Ten of ten
I should wait a little longer
If I'm not mistaken
We made it clear
But what exactly did we say
It was here in the lobby
She bought a postcard
Two cards three cards
She cursed her sandal strap She smiled
at that dumb boy
Now it's nearly twenty
There she is No
It's not her
I've seen that one before
I think I know her from somewhere
It was at
there she is
No it's not her
It doesn't look anything like her
I'm leaving
If I stay one more minute
what would I look like
I'll smoke one cigarette and leave
We said ten o'clock
Monday in the lobby
At least
At least
if I didn't get it wrong
At least if it wasn't Tuesday at ten
It was in the lobby
She bought a postcard
Two postcards
Three

Trois
Elle a acheté des timbres
Elle a maudit la bride de sa sandale
Elle a souri à ce garçon stupide
Il est presque deux heures
Je suis le roi des imbéciles
Je compte jusqu'à cent et je m'en vais
Un deux trois quatre cinq six
Je suis l'empereur des imbéciles
six six six elle a souri à ce garçon stupide et boursouflé
de passage
Elle a
J'aurais jamais dû l'attendre
Il est deux heures passées
Maintenant
Elle ne viendra plus
C'était ici
dans le hall

She bought stamps
She cursed her sandal strap
She smiled at that dumb boy
It's been nearly two hours
I am the king of idiots
I'll count to one hundred and leave
One two three four five six
I am the emperor of idiots
six six six she smiled at that dumb boy and puffed up
for a second
She
I should never have waited for her
It's been two hours now
I know
She will not come
It was here
in the lobby

Que le vent fasse la preuve   de ce qu'il avance
              Quand il prétend que ma patrie
          n'est bonne qu'à semer la guerre
                              Je le maudis le vent
          Je le maudis
                  Que le vent fasse la preuve du péché de
Rose-Marie je dis que cette robe neuve
                          Elle la tient
de son mari
          Que le vent fasse la preuve de ses
allusions sur les toits la nuit bat son tapis d'étoiles
la pluie est une   jeune veuve
                  et l'amour emprunté Jean qui te le rendra
Que le vent se taise ou précise   qu'il soit franc comme sur la mer
              Mieux vaut la roue que cette brise qui colporte des mots amers

Que le vent fasse la preuve

Let the wind prove   what it avers
              When it claims that my homeland
          is good for nothing but breeding war
                      I curse the wind
          I curse it
                  Let the wind prove the guiltiness of
      Rose-Marie I say that her new dress
                  Comes from
her husband
        Let the wind prove its innuendos
    on the roof the night beats its carpet of stars
    the rain is a   young widow
              and borrowed love   Jean will return
Let the wind be quiet or exact   let it be forthright as on the high seas
      The wheel is worth more than this bitter-word-peddling breeze

BLANKENBERG

Moi, j'étais le torrent
Toi tu chaloupais au soleil
Le vent te courbait
J'exultais
Je bousculais les berges
Les fleurs tremblaient sur mon passage
(tremblaient doucement)
Les rochers les arbres
Tout ce qui est dur sous le ciel me respectait
Tout ce qui est tendre m'adorait
Les biches cassaient leurs sabots
S'ensanglantaient les flancs
pour me rejoindre
elles posaient le bout de leur nez sur mon épaule
J'étais noir
J'étais l'essence même du noir
et je puisais ma force dans ta faiblesse
La faiblesse de l'amour des femmes
                qui est la force à rebours
Toi tu étais blanche
L'essence même du blanc
Et tu puisais ta faiblesse dans ma force
La force de l'amour des hommes
                qui est la faiblesse à rebours
Moi j'étais le torrent
Toi tu étais fougère

BLANKENBERG

I, I was the torrent
You launched yourself into the sun
The wind bowed you
I exulted
I pounded on the levees
Flowers shivered at my passage
(shivered delicately)
The rocks and trees
Everything obdurate under heaven respected me
Everything tender adored me
Does shattered their hooves
Bloodied their flanks
To get at me
They rested their nostrils on my shoulder
I was black
I was the very essence of black
I sought my power in your frailty
The frailty of women's love
            a backwash of power
You, you were white
The very essence of white
And you sought your frailty in my power
The power of men's love
            a backwash of frailty
I, I was the torrent
You, you were the lightning.

Mimi est venue hier nous voir avec son Pakistanais, Marina les accompagnait. Nous leur avons fait goûter l'armagnac de Paul. Ils l'ont trouvé excellent.

Depuis Gamin est mort en Algérie.

Il faudra du calicot (il ne s'agit plus de dormir), beaucoup de calicot, des couleurs vivantes, du kummel et surtout de la tenue.

Je suis avec vous.

D'ici l'on voit le passé et l'avenir.

Le présent s'échappe.

Je résiste. Je m'agrippe au plus haut sommet de moi-même. Je lutte pour ne pas glisser du côté des pentes.

Mimi est venue hier nous voir avec son Pakistanais, Marina les accompagnait. Depuis, Gamin est mort en Algérie.

Mimi came to see us yesterday with her Pakistani, Marina was with them. We had them try Paul's brandy. They found it superb.

Then Gamin died in Algeria.

We'll need calico (there's no question of sleeping any more) a lot of calico in bright colors, kummel, and the right clothing.

I'm with you.

From here you can see the past and the future.

The present is slipping away.

I'm fighting back. I'm holding on to the summit of myself. I'm struggling to keep from sliding down the slope.

Mimi came to see us yesterday with her Pakistani. Marina was with them. After that, Gamin died in Algeria.

L'ANATHÈME

À Marc Chagall

Je vous hais, je vous hais de tout mon cœur et avec d'autant plus de plaisir que la haine est difficile.

Je vous hais, je vous souhaite le désert, votre désert. Vous ne sortirez jamais du désert, le désert vous habite pour l'éternité. Tout le sable du désert, tous les soleils du désert sont en vous. Les sources, les pluies sont illusoires, aussi l'amitié qui vous frôle. Vous ne parviendrez jamais à l'oasis.

Je vous hais au coin des rues où vous attend demain, je vous hais dans les gares où vous vous perdez. Vos chemises sont seules, vous avez beau laver vos chemises, vos chemises sont seules. Vous avez peur de la nuit. Vos chemises sont humides. Le soleil ne se lèvera jamais. Dieu n'entend pas votre langue (mais vous, vous m'entendez). Je vous dévaste et rien ni personne ne vous protégera.

Souvenez-vous du poète qui passait près de votre demeure aux portes fermées, souvenez-vous de cette lettre sans réponse. Je vous hais de tout mon cœur.

ANATHEMA

I hate you, I hate you with my whole heart and with as much pleasure as hate is difficult.

I hate you, I wish you the wilderness, your desert. You will never leave the desert, the desert will dwell in you forever. All the sand of the desert, all the suns of the desert are in you. The springs, the rains, are mirages, also the friendship nibbling away at you. You will never reach the oasis.

I hate you on the street-corners where tomorrow waits for you, I hate you in the terminals where you get lost. Your shirts are unique, you wash them in vain, your shirts are unique. You are afraid of the dark. Your shirts are damp. The sun will never rise. God doesn't understand your speech (but you, you understand mine). I lay you waste and nothing and no one will save you.

Remember the poet who passed near your place with the closed doors, remember the letter without an answer. I hate you with my whole heart.

Certaines nuits j'ai du génie; ça ressemble à l'éternité. La preuve de génie, c'est la génie. Son mécanisme, c'est la mèche, la mèche de cheveux qui déborde la page.

Nous avons tout appris, sauf à mourir et à aimer et la grandeur ne nous parvient plus que par accident.

Certaines nuits

On certain nights I'm a genius, that's just like eternity.

The proof of genius is genius. Its mechanism is the lock, the lock of hair that falls off the page.

We have learned everything, except how to die and to love, and greatness comes to us now only by accident.

LE CIEL MANQUE

Le ciel est un escalier
Dormez mal Pensez à moi
J'ai tant de mal à penser
Un seul amour à la fois
Le ciel est un escalier
Un vieil escalier de terre
J'aurais tué père et mère
Pour voir de l'autre côté
Dormez mal Pensez à moi
J'ai tant de mal à penser
Un seul amour à la fois
Le ciel est un escalier
Anguleux et vermoulu
A y marcher les pieds nus
On risque de se blesser
Dormez mal Pensez à moi
J'ai tant de mal à penser
Un seul amour à la fois

THERE IS NO HEAVEN

Heaven is a stairway
Sleep badly Think of me
I have trouble thinking
One love at a time
Heaven is a stairway
An old stairway of earth
I would have killed my parents
To know the other side
Sleep badly Think of me
I have trouble thinking
One love at a time
Heaven is a stairway
angular and wormy
and walking up it barefoot
runs the risk of splinters
Sleep badly Think of me
I have trouble thinking
One love at a time

BOULEVARD ANSPACH

Le ciel décrivez-le vous-même
La lampe j'en conviens
C'était une lanterne
Grande comme la main

BOULEVARD ANSPACH

Describe the sky yourself
The lamp I understand
It was just a lantern
No bigger than your hand

J'écris des livres, c'est *merveilleux*. Je suis un écrivain, cela veut dire qu'il y a des moments où je suis très savant, très adroit, des moments où j'ai des idées rares.

Sous un *arbre,* il y a une *femme* qui lit un livre, ce livre c 'est moi qui l'ai écrit. Qu'est-ce que j'ai bien pu dire?

Sous un *arbre,* il y a une *fille* qui lit un livre, ce livre c'est elle qui l'a écrit, c'est l'arbre qui écrit la fille, c'est la *fille* qui écrit *l'arbre.*

J'écris, je suis le *soleil,* je suis l'ombre, je suis l'impudent qui se prend pour le *soleil.*

La *mer* rampe à mes pieds, me confie ses projets, la *mer* me traite en intime. Je suis le seul homme seul, c'est *merveilleux,* je suis un *fou* parmi la foule, un innocent petit fou qui se prend pour le *soleil* et je vais du côté de ma tombe sans crainte, à cloche-pied. Je mourrai et je deviendrai célèbre, en somme je vivrai, je vivrai encore plus fort. En somme, je ne mourrai *jamais.*

J'écris des livres

I write books, that's *wonderful.* I'm a writer, that means there are moments when I'm very wise, very clever, moments when I have exquisitely unique ideas.

Under a *tree,* there is a *woman* reading a book, it's a book I wrote. Now, what have I just been able to say?

Under a *tree,* there is a *girl* reading a book, it's a book she wrote, it's the tree writing the girl, it's the *girl* writing the *tree.*

I write, I am the *sun,* I am the shade, I am the shameless fellow who takes himself to be the *sun.*

The *sea* crawls at my feet, whispers its plans to me, the *sea* takes me into its confidence. I am the only man alone, it's *wonderful,* I am a *fool* in a full crowd, a naive little fool who takes himself for the *sun* and I pass by my own tomb fearlessly, at a hop. I will die and become famous, that means I will live, live all the more. That means, I will not die *ever.*

from **FRAGMENT ET RELIEF**
(1994)

LE CHEMIN

À Silvaine Arabo

Le chemin n'était pas causant.

Un arbre tous les deux cents mètres, un pan de mur dont on avait du mal à reconstruire l'histoire.

Une pancarte: Propriété privée — chien méchant. Et pas de propriété, pas de chien.

Un moulin sans elle, au fond d'un vague terrain vague.

Le chemin n'était pas causant, interrompu subitement par une portée de notes de musique — pas de soleil, pas de pluie, pas de neige, pas de vent, rien que des remords, et toujours ce même mendiant —Vous n'auriez pas un bout de pain? La nuit était déjà bien entamée. Aucun espoir de découvrir la mer au tournant, aucune illusion à se faire — depuis un long moment, je connaissais l'issue.

Fermant les yeux, pour gagner du temps, je voyais d'interminables forêts de cierges se consumer imperceptiblement, lentement, si lentement qu'on pouvait naïvement espérer leur échapper.

Il n'y avait pas de femmes nues, à supposer qu'il y ait eu des femmes, elles eussent perdu tous leurs attraits féminins, toutes leurs dents, toutes leurs grâces. Les chats hurlaient comme des loups, les oiseaux se cognaient aux nuages et tombaient dans l'infini comme de mauvaises nouvelles.

Je suivais mon crayon, sans plus rien attendre de lui. Il était littéralement devenu fou — grisé d'inutile liberté et d'images curieuses — et je tournais, tournais, dans les allées du cimetière, pour rejoindre ma tombe.

Une fois encore, comme avant, je m'étais perdu. Soudain, j'eus peur que l'on ne retrouvât, au matin, mon cadavre méconnaissable sur la tombe d'autrui — ou sous la table, dans la petite baraque, où les fossoyeurs entreposent leurs outils et changent costume et chaussures, avant que de reprendre, (après avoir vidé quelques verres), leur tâche jamais achevée.

THE ROAD

The road was not forthcoming.

A tree every two hundred meters, a fragment of wall whose history it was hard to reconstruct.

A placard: Private Property — beware of the dog. But no property, no dog.

A mill without her, in the background of an indeterminate landscape indeterminate.

The road was not forthcoming, interrupted suddenly by a passage of musical notes — no sun, no rain, no snow, no wind, nothing but remorse, and always this same beggar — Can you spare a crust of bread? The night was already well launched. No hope of discovering the sea around the next bend, no illusion of making anything of yourself — for a long moment now, I've known how it comes out.

Closing my eyes, to gain time, I saw endless forests of candles imperceptibly consuming themselves, slowly, so slowly that it was possible to entertain a naive hope of escaping them.

There were no naked women, even if there had been women, they would have lost all their feminine allure, all their teeth, all their charms. Cats howled like wolves, birds banged up against the clouds and fell into infinity like bad news.

I was following my pencil, expecting nothing to come of it. It had literally gone crazy — tipsy on useless freedom and curious images — and I turned, turned along the pathways of the cemetery, trying to find my own grave.

Once again, just like the time before, I got lost. I grew suddenly afraid that I would be found in the morning, my unrecognizable corpse on someone else's grave — or under the table, in the little shed where the gravediggers keep their tools and change their clothes and shoes, before they take up again (after having tossed off several drinks) their never-ending work.

SAUF-CONDUIT

À cette époque, j'étais rebelle.

Dans les forêts de Haute-Savoie, du Vercors, du Mont-Mouchet, je tenais nuitamment la rubrique des morts que nous ensevelissions, à la lueur de torches confectionnées avec des branches de sapin.

Les pseudonymes dont nous usions pour nous reconnaître, étaient aussi denses et présents que les pierres qui ont séjourné longtemps à la même place, dans le lit d'un cours d'eau. Le mien était Bébé.

SAFE-CONDUCT

In those days I was rebellious.

In the forests of Haute-Savoie, of the Vercors, of Mont-Mouchet, night after night I kept the list of the dead we buried by the flickering of torches made out of pine boughs.

The false names we used to recognize one another were as substantial and actual as the stones that stayed so long in one place, in the river bed. Mine was Bébé.

POÈME RATURÉ

Entre le bleu et le silence
Je remonte des vérités simples

Femme éolienne
Femme guitare
Femme étonnée d'être femme
à la merci de son sexe
et de sa loi
Femme plus éprise de la cognée que du bûcheron
      Dans quelques secondes l'appareil va décoller
du sol   Nous survolons le cimetière — nous
survolons la mer — nous survolons une forêt de
pins — nous survolons
les chutes du Niagara Nous survolons des
plantations de mots usagés   nous survolons
la raison battue en brèche — qui craque de toutes
parts Le temps nous manque   de plus en plus
La mort fait des sauts de carpe   L'amitié ne
résiste pas toujours aux circonstances   jeune
loup finit vieux renard   Nous survolons nos
craintes et nos   préjugés   Picasso pisse
contre un arbre

A REJECTED POEM

Between blue and silence
I climb back up to the simple truths

Aeolian woman
Guitar woman
Woman astonished to be a woman
at the mercy of her sex
and of her law
Woman more in love with the hatchet than with the butcher
    In a few seconds the aircraft is going to take off
from the ground   We fly over the graveyard — we
fly over the sea — we fly over a forest of
fir-trees — we fly over
Niagara Falls we fly over whole
plantations of exhausted words   we fly over
gaps in reason — which spit on all
parties We're out of time   more and more
Death leaps like a salmon   Friendship
does not hold up against circumstance   young
wolf ends up old fox   We fly over our
fears and our   prejudices   Picasso pisses
against a tree

Quoi de plus inhumain, de plus insupportable que la lucidité? Le kangourou y échappe probablement, vous peut-être aussi, c'est une grâce que je vous souhaite.

Moi pas.

Rien ne me fut épargné.

Cette nuit en Judée, fraîche, humide, étouffante tout à la fois, cette nuit suffocante où les douze se réunirent au lieu convenu, pour régler ce qui déjà était convenu: les conditions pratiques de la liquidation de Jésus, au moindre bruit (aux moindres frais).

Les douze parlaient à voix calme, sans méchanceté, comme d'un problème qu'il faut régler. Hérode Antipas devenait ombrageux. Cette fois les choses prenaient des proportions et une tournure inquiétantes.

Les contacts discrets, entretenus avec l'occupant et les représentants du pouvoir, ne laissaient place à aucun doute. La seule issue était l'abandon du plan Jésus, et par voie de conséquence, sous une forme ou sous une autre, la livraison de son auteur.

Chacun devait être conscient de la gravité de l'heure, prendre ses responsabilités.

— On ne peut plus reculer, c'est ça ou … dit celui qui parlait.

Puis, voyant une larme qui débordait d'un des yeux de Judas, le plus vulnérable du groupe, il lui posa une main sur l'épaule: je sais, je sais, dit-il, nous savons tous. C'est dur.

Alors, Judas leva sa face blême qui semblait briller dans la nuit, avala sa salive. Les tendons de sa gorge étaient tendus à se rompre.

— Laissez, dit-il, je ferai le nécessaire. Allez dire à "qui il faut" que j'embrasserai Jésus à l'aube, lorsque le coq chantera pour la troisième fois.

Puis, Judas se retourna, s'engouffra, plié, cassé en deux, dans la ravine. Douze ombres se dissolvèrent dans la nuit finissante.

La suite, vous connaissez. Quant à la question des deniers, c'est une calomnie, ajoutée à "l'affabuleuse" falsification de l'Histoire Sainte. J'étais là, et j'étais ailleurs. C'est souvent le lot du poète; en tout cas, ce fut le mien.

THE KANGAROO

What could be more inhuman, more unbearable than lucidity? The kangaroo most likely escapes it completely, maybe you, too, it's a grace I wish for you.

Not for me.

I have been spared nothing.

That night in Judea, cool, damp and close all at the same time, that stifling night when the twelve came together at the place agreed on, to arrange what was already agreed on: practical conditions for the liquidation of Jesus, with the least noise (and at the least cost).

The twelve were speaking in calm voices without malice, as a problem that had to be resolved. Herod Antipas was growing touchy. This time things were getting out of proportion and taking a worrying turn.

Discreet contacts established with the occupant and the representatives of power left no room for doubt. The only conclusion was the abandonment of the Jesus plan, and in consequence, one way or another, the delivery of its author.

Each one had to be aware of the gravity of the hour, take responsibility.

— It's too late to retreat, it's either that or… said the one who was speaking.

Then, seeing a tear that hung in the corner of the eye of Judas, the most susceptible of the group, he put a hand on his shoulder: I know, I know, it's hard on all of us.

Just then Judas lifted up his pale face that seemed to shine in the night, swallowed his saliva. The tendons in his neck were ready to burst.

— Leave it, he said, I'll do what needs to be done. Go tell — that one that I will kiss Jesus at dawn, when the cock crows for the third time.

Then Judas turned, was swallowed up, bent, broken into two pieces in the ravine. Twelve shadows disssolved in the dissipating night.

You know what happened after that. As for the pieces of silver, that's a lie stuck into the "fairy-tale" falsification of the gospel. I was there, and I was somewhere else. That's often the fate of the poet. In any case, it was mine.

RUE DE L'ÉCOLE DE MÉDECINE

À Denis de Gandillac et Bruno Schlemmer

La Méditerranée, je ne la conçois pas en France,
mais là-bas, en Grèce, en Yougoslavie, en Turquie.
Je parle avec le premier venu. Les pauvres sont
d'une richesse incroyable. Mon système consiste à
éviter soigneusement les systèmes.

Bachelard, quel poète!

J'ai besoin de silence, de bruit, d'action.
Il n'y a que la poésie qui me libère.

Les poètes vous ont appris que l'amour est à réinventer.
Vous avez entendu la mort est à renouveler.

Les menaces les humiliations les injures je les prends à mon compte.
Elles ont fait de moi un dieu, presque un homme.

Je ne peux me promener la vie durant avec ces
allumettes qui me manquent
ces solutions sans problèmes
ces amours sans visage
ces ambitions sans objet
ces rampes sans escalier
ces phrases qui commencent n'importe comment
et s'achèvent n'importe où.
Il faut en finir ou tout recommencer.

RUE DE L'ÉCOLE DE MÉDECINE

The Mediterranean, something I can't imagine in France,
but down there, in Greece, Yugoslavia, Turkey.
I'm talking with the first one to come along. The poor
are incomparably rich. My system consists of
carefully avoiding systems.

Bachelard, what a poet!

I need silence, noise, activity.
Poetry alone liberates me.

Poets have learned that love is to reinvent.
You have heard death is to renew.

Threats, humiliations, insults I take them on myself.
They have made me into a god, nearly a man.

I can not walk through life long with these
matches I'm lacking
solutions without problems
loves with no face
ambitions without goal
climbs without a staircase
sentences beginning any which way
and finishing anywhere.
You have to bring it to an end or start all over again.

DROIT DE DÉLIRE

À Elyse Simorre

Il y a foule en moi
   je déborde
Ouvrez les fenêtres
Pendez-moi je suis juif
et fier de l'être
    Regardez comme je suis noir
Il n'y a pas
   un morceau de charbon
qui soit plus noir que moi
Ces salauds de blancs ont insulté
ma mère
Ils ont jeté son cabas par terre
elle n'a rien dit
La bouteille de lait s'est répandue par terre
elle n'a rien dit
Elle est si bonne
ma vieille négresse de mère
qu'elle ne peut s'empêcher
    c'est plus fort qu'elle
d'aimer ceux qui la méprisent et la maltraitent
Elle nous a dit à mon frère et à moi
Taisez-vous mais taisez-vous donc
mais moi je ne me tairai plus
je veux trouer du blanc brûler du blanc
On a fait flamber leurs voitures
on a incendié les Grandes Galeries
    Quel feu d'artifice mes amis
Je suis Américain
blanc comme une hostie
Ces sales noirs
en veulent à ma fille
Je vais tous les tuer
Vous pouvez faire sonner les cloches
ça va péter sec je vous le jure

THE RIGHT TO RAVE

There is a mob in me
    I overflow
Open the windows
Lynch me I'm a Jew
and proud of it
    See how black I am
There is no
    single lump of coal
blacker than I
These white bastards badmouthed
my mother
They dumped her groceries
she said nothing
The bottle of milk spilled all over the street
She's so good
my old mammy of a mother
she can't help herself
    it's stronger than she is
loving those who despise and mistreat her
She has told us my brother and me
Keep your mouth shut just keep quiet
but I no longer keep quiet
I want to cut white burn white
Someone's torched their cars
their shopping centers in flames
    What fireworks my friends
I am American
white as a wafer
These dirty niggers
have it in for my daughter
I'll kill them all
You can start the bells ringing
They'll be blown to pieces I swear

Je vous dis que j'ai été SS et que je croyais
dur comme fer à la grande Europe
Qu'est-ce que vous attendez pour me pendre
bande de chiens à têtes d'homme
    Je vous dis que je suis voleur
        assassin
        gendarme
Ça fait un tel vacarme dans mon crâne
que je ne sais plus où mettre mes idées
      à l'abri
Foutez le camp Monsieur le curé
Foutez le camp ou je vous flanque
dans le puits avec les autres
Il y a du chien en moi
autant que de l'hirondelle
C'est la guerre totale
Rien ne me permet d'augurer qui
l'emportera sur qui

ni pourquoi
    ni comment
je fus un peu plus celui-ci
      que celui-là
Je vous dis que je suis aussi rouge
que le sang que Federico Garcia Lorca
a perdu dans les rues de Grenade
Je vous dis que je suis communiste
qu'il est temps de répartir équitablement
les terres les peines et
      les joies
Je vous dis que je suis Russe
les Chinois nous font perdre un temps précieux
Je vous dis que je suis Chinois
      et que Mao
fut le plus authentique des marxistes
que les révisionnistes ont assassiné Staline
trahi la révolution
Je vous dis que Staline était un despote

I tell you I've been SS with
an iron faith in the Greater Europe
Why are you waiting to hang me
You gang of dogs with men's heads
    I tell you I'm a thief
      a killer
    a policeman
I've got such a racket in my skull
that I don't know any more where to hide
    my ideas
Fuck off Mister priest
Fuck off or I'll chuck you
into the well with the others
There's some dog in me
as much as there is barnswallow
It's total war
Nothing at all allows me to predict who
will beat out whom

nor why
    nor how
was I a little more this
    than that
I tell you I'm as red
as the blood that Federico Garcia Lorca
shed in the streets of Granada
I tell you I'm a communist
the time has come for equitable distribution
of lands of punishments and
    of pleasures
I tell you I'm a Russian
the Chinese waste our precious time
I tell you I'm Chinese
    and Mao
the only true Marxist
revisionists assassinated Stalin
betrayed the revolution
I tell you Stalin was a tyrant

mal éclairé
même sa fille
l'a reconnu
Je vous dis que Staline c'était moi
et que j'étais un saint
et que ce porc de Gorbatchev est un crapaud

Moi militant socialiste depuis vingt-cinq ans
voyez mes mains
vingt-cinq ans rivé à la même machine
vingt-cinq ans de syndicalisme
Je vous dis que les communistes
déforment le socialisme
retardent son avènement
Pendez-moi tout de suite
Après j'aurai moins de courage
Après je vais vomir mes reins
Je me connais mal
        mais de cela je suis sûr
j'ai besoin de mourir au soleil
Je vous dis que ma fortune
je l'ai édifiée seul contre tous
Pendant que les autres jouaient
aux cartes
je travaillais
On ne m'a jamais vu au café du coin
Si
        deux fois
Une fois à l'occasion d'un mariage
l'autre pour signer un contrat d'assurance
Et qu'est-ce que j'ai bu
un citron pressé

Je ne dois rien à personne
personne ne m'a fait de cadeau
Si tous ceux que j'ai aidés tournaient

unenlightened
his daughter
even his daughter
knew this
I tell you Stalin was me
that I was a saint
and that Gorbachev is a pig is a toad

For twenty-five years a militant socialist, me
look at my hands
twenty-five years riveted to one machine
twenty-five years a union man
I tell you that the Communists
deform socialism
hold back its future
Lynch me right now
Before I lose my courage
Before I puke up my guts
I'm a little unsure of myself
    but I know
I need to die in sunlight
I tell you that I made my fortune
alone against all odds
While others played
with cards
I was working
You never saw me in the corner bar
Well
    twice
Once to celebrate a wedding
and once to sign an insurance policy
and what was I drinking
lemonade

I owe nobody a thing
I've taken no one's gift
If everyone I've ever helped paraded

autour de la place de la Concorde
ça ferait un bel embouteillage

Pendez-moi
    à un arbre
Je veux voir au loin les meules de paille
le tracteur assoupi et la colline
et le soleil
Je veux mourir au soleil
avec tous mes visages dans le ventre
Je veux grimper par la corde
jusqu'à mes aïeux
dormir
sur l'épaule de ma mère

Je vous dis qu'il y a du chien en moi
autant que de l'hirondelle
c'est la guerre totale
rien ne me permet d'augurer qui
l'emportera sur qui
et pourquoi
    ni comment
je fus un peu plus celui-ci
    que celui-là

— *Laissez-le, je le connais, ça va lui passer.*

around the Place de la Concorde
there'd be a hell of a traffic jam

Hang me
    from a tree
I want to see haystacks in the distance
the dormant tractor and the hill
and the sun
I want to die in sunlight
with all my faces in my belly
I want to climb up the rope
to my forefathers
and sleep
on my mother's breast

There's some dog in me
as much as there is barn swallow
It's total war
Nothing at all allows me to predict who
will beat out whom
nor why
    nor how
was I a little more this
    than that

— *Leave him alone, I know him, he'll get over it.*

NOTRE-DAME-DE-LA-POÉSIE

Notre-Dame de la Poésie qui avez fait de moi
plus que moi
Vous sans qui je n'étais rien
Je vous offre ici sans pudeur
Les larmes d'un gosse de quarante ans
Que vous avez protégé
du bouleversement incessant des idées
qu'on ne peut suivre à la trace
tellement elles se meuvent vite
et changent fréquemment de masque

Notre-Dame de la Poésie
Vous avez su tendre
assouplir mes nerfs
Pour en faire tantôt les cordes d'une harpe
ou quelque bonne corde
à pendre mes ennemis
vrais ou imaginaires

Notre-Dame de la Poésie
Vous qui m'avez soufflé
chaque mot à l'oreille
et avez offert à mon esprit
une dimension et une robustesse
qui lui ont permis les voyages
les plus périlleux

Notre-Dame de la Poésie
Vous qui m'avez accordé le privilège
de toujours me ranger du côté des faibles
— des petits — des bossus
de tous temps   de toutes races
je vous livre ici sans pudeur
ces larmes
qu'aucun SS

OUR LADY OF POETRY

Our Lady of Poetry who made of me
more than myself
You without whom I was nothing
Here I offer without shame
The tears of a forty year old kid
Whom you have sheltered
from the unending disturbance of ideas
that were untrackable
because they move too quickly
and change their disguises

Our Lady of Poetry
Who have known how to
soften my nerves
sometimes into harp strings
and sometimes into the strings of a guitar
or a strong rope
I could use to hang enemies
real and imagined

Our Lady of Poetry
You who have breathed every word
into my ear
and offered my spirit
a range and a strength
that have allowed it
the most dangerous traveling

Our Lady of Poetry
you who have accorded me the privilege
of always siding with the weak
— the small — the disfigured
of all times   of all races
I freely pour out for you without shame
these tears

n'est parvenu à obtenir de moi
lorsque maquisard à dix-sept ans
je m'évadai de leurs prisons
par miracle autant dire par poésie

Notre-Dame de la Poésie
Je vous dois — tout —
plus que tout
Puissé-je avoir le temps de partager
avec quelques-uns
C'est la grâce que je demande à Dieu
en qui je ne crois plus
C'est de votre faute
Notre-Dame de la Poésie
(je ne vous le reproche pas)
Vous avez pris sa place en mon cœur
et réalisé
la besogne qui en principe lui incombait

no SS officer
was able to wring from me
when a seventeen-year-old *maquisard*
escaped from their prison
by miracle that is by poetry

Our Lady of Poetry
I owe you — everything —
more than everything
If I could have time to share
with a few others
This is the grace I ask of a God
in whom I no longer believe
It's your fault
Our Lady of Poetry
(I do not blame you)
You have taken his place in my heart
and accomplished
the job which was his to do

SUR LA PLUS HAUTE BRANCHE

La tourterelle: *Il faut toujours que la colombe se fasse remarquer. Jadis, elle faisait son nid dans la sacristie. Elle ne ratait jamais un baptême. Maintenant, elle fait de la politique.*

Le pinson: *Je ne m'intéresse vraiment qu'aux plumes que j'ai perdues. Avant, je ne les remarque même pas.*

Le poète: *Moi non plus.*

Moi, dit l'aigle, *si j'avais eu le choix, j'aurais voulu être homme.*

Le rossignol interrogatif:

Pour leur ingéniosité ou pour leur force?

L'aigle:

Pour leurs femelles.

ON THE TOPMOST BRANCH

The turtledove: *The pigeon always has to draw attention to herself. She used to build her nest in the sacristy. She never missed a christening. Nowadays, she goes in for politics.*

The finch: *I'm really only interested in the feathers I've lost. Before that, I don't even notice them.*

The poet: *Me neither.*

As for me, says the eagle, *if the choice were mine, I'd have wanted to be human.*

The questioning nightingale:

For their ingenuity or for their power?

The eagle:

For their females.

A l'instant où j'écrivis ces lignes, il y avait plus de trente ans que votre sang s'était répandu dans l'herbe — trente ans que vous aviez émigré dans ma mémoire, avec armes et sans bagages, et vous n'avez pas vieilli et vous êtes toujours ces adolescents ivres de liberté, infiniment neufs, ces anges, dont quelques-uns étaient imberbes — les autres fiers de leurs poils au menton.

Intime, tombé près du chalet de Joseph Thevenot, sur la route de Pouilly. Plantaz, tombé au Pont du Giffre. Jo Noir, prisonnier aux Glières, mort huit jours après son retour de déportation. Freddy et Gustou, tombés à mes côtés, au lieu-dit La Bastide.

Ce jour là, il faisait un soleil intense. Les balles des mitrailleuses sifflaient autour de nous, brisant les branches comme du verre.

Puis il y eut ces obus de mortier, orchestre fou, accélérant d'explosion en explosion, ces avions plongeant sur nous, lâchant leur profusion de feu crépitant et cette douleur derrière ma nuque, ce sang dans mes yeux, ce goût de sel sur mes lèvres, cette éclipse de ma conscience.

Généreux, le soleil poursuivait sa besogne, comme si de rien n'était, pour que fleurissent et refleurissent les lilas du Vercors.

THE LILACS OF THE VERCORS

At the time I was writing these lines, more than thirty years had passed since your blood seeped into the grass — thirty years since you migrated into my memory, with no other baggage but your weapons, and you have not grown old and you are forever adolescents drunk on liberty, infinitely brand-new, angels, of whom some were beardless — the others proud of the hair sprouting on their chins.

Intime, killed near Joseph Thevenot's cottage on the road to Pouilly. Plantaz, killed at Pont du Giffre. Jo Noir, made prisoner at Glières, dead a week after his return from deportation. Freddy and Gustou, killed at my side, at the place called La Bastide.

That day, the sunlight was intense. Rifle shots whistled all around us, breaking twigs as if they were glass.

Then there were the rounds of mortar-fire, an insane orchestra accelerating from explosion to explosion, these planes dive-bombing us, laying down their abundance of crackling fire and this sorrow behind my neck, this blood in my eyes, this taste of salt on my lips, this eclipse of my consciousness.

Generous, the sun went on with its work, as if there were nothing else, so that the lilacs of the Vercors could flower and flower again.

LIGNE 7

À Daniel Repoux

Il y a quelqu'un qui marche sur ma tombe. Si on ne peut pas être tranquille, même là!

Maintenant, c'est acquis, Dieu est facultatif, pyramidal, pas trop volumineux. Ici, chacun a le sien en contrebas.

J'observe un lac gelé où coule un lent soleil noir. C'est sublime. Des chiens qui sont des loups mais qui heureusement ne le savent pas, poursuivent mon passé. J'ai enfin couché avec ma cousine, l'autre ne saurait tarder.

Quelqu'un marche sur ma tombe et ça m'irrite. Mon éternel repos est troublé. Ce n'est pas un pas d'enfant, je m'en régale. Ce n'est pas le pas gauche et musical de l'amour sur le chemin du rendez-vous. Ce n'est pas le pas de celui qui va à la guerre ou qui en revient. Je connais bien ce pas, et même ce qui distingue le pas de celui qui s'en va défendre son petit fourniment d'idées, son ciel ou sa terre (et moins elle est sa réelle possession et plus il la défendra), du pas abject et mal sonore du mercenaire. Ce n'est pas le pas du savant ou du philosophe à la poursuite solitaire des idées.

C'est le pas veule, de l'homme émasculé de sa spécificité d'homme, l'homme qui fait entrer des hommes dans son calcul. Celui qui dit à celui-là: il m'en faut quinze cents, là, faites le ramassage à l'aube, avec les autocars de la ligne 7. Si vous n'avez plus de Portugais, mettez-moi des Arabes.

Il y a quelqu'un qui marche sur ma tombe. Le coq a relevé sa crête et lance son appel stupide et sans objet. Dans le tiroir, le couteau qui va lui trancher la gorge comme une poignée de joncs est prêt, le coq est blasphémé, et la poule picore mécaniquement des grains de pas grand chose entre deux phrases.

Il y a un lycéen qui entre dans mon poème.

— Salut, jeune homme, tiens prends ça, ça, si! N'hésite pas, je l'ai mis de côté durant ma vie pour toi. Je t'attendais, ne me remercie pas.

Il y a une lave qui coule de mon œil gauche et quelqu'un qui marche sur ma tombe, quelqu'un d'inopportun, qui par sa présence m'offense profondément, jusque sous la terre.

On ne devrait laisser entrer dans les cimetières que les enfants, les amoureux ou les orages, car rien ne m'est désormais meilleur que boire la pluie mêlée d'éclairs, sans lèvres et sans regard.

Someone is walking on my grave. Not to be left in peace, even there!

Now it's been established, God is optional, pyramidal, not too voluminous. Here, everyone has his own, down below.

I look at a frozen lake flowing with a slow black sun. Sublime. Dogs that are really wolves but fortunately don't know it follow my past. I have finally slept with my cousin, the other one should be coming soon.

Someone is walking on my grave and it annoys me. My eternal repose is troubled. It's not a child's walk, a real treat. It's not the awkward and musical walk of love on the way to a rendez-vous. It's not the walk of someone off to war or coming home from war. I know that walk very well, and even what distinguishes the walk of a person off to defend his own little pack of ideas, his heaven or his earth (and the less it is actually his own, the more he will defend it) from the abject and ill-sounding step of the mercenary. It's not the walk of the scientist or philosopher in solitary pursuit of ideas.

It is the cowardly walk of a man unmanned, cut off from his human specificity, the man who figures men into his calculations. The one who says to to that one: I'll need fifteen hundred, get them together before dawn, with buses from line 7. If you've run out of Portuguese, get me Arabs.

Someone is walking on my grave. The rooster has lifted his comb and makes his stupid, pointless appeal. In the drawer, the knife that will cut his throat like a fistful of jonquils is ready, the rooster is blasphemed, and the hen pecks mechanically at seeds of not much between two sentences.

A schoolboy comes into my poem.

— Hello, young man, come on take that, yes that, yes! Don't be hesitant, I put it aside during my life just for you. I was expecting you, no need to thank me.

A lava is flowing from my left eye and someone is walking on my grave, someone inappropriate, who offends me profoundly by his mere presence, even under the earth.

Only children and lovers and storms should be allowed into cemeteries, because nothing is better for me now than drinking rain mixed with lightning, without lips and without expression.

DIAPOS

Il y a deux cadavres
et personne ne saura
jamais
si ce sont des cadavres
   humains
ou des porcs roses semblables
à ceux que dessinent
les enfants
sur des feuilles quadrillées
Neuf fois sur dix
les porcs
que je rencontre sont morts
à tel point que cet animal ne me paraît
jamais
aussi vrai que lorsqu'il a cessé d'être
Personne ne saura
si la chambre est claire ou obscure
ni
s'il y a
une plaque à la porte de l'immeuble
avec inscrit en gros
dans la chambre du septième gauche il y a
deux cadavres

Peut-être
sont-ce des cadavres d'oiseaux
asphyxiés
par les émanations d'un petit poêle
au milieu d'une pièce
aux murs
tapissés de cartes postales
Peut-être
sont-ce des chats
enfermés dans des sacs de jute
pendus aux poutres

SLIDE SHOW

There are two dead bodies
and no one will ever
know
if these bodies are
      human
or pink pigs like those
children draw
on graph paper
Nine times out of ten
the pigs
I encounter are dead
to the point that this animal never
really seems to me as real
as when it has stopped being
No one will know
if the room is well lit or dark
nor
if there is a plaque on the outside door
with great big letters saying
that on the eighth floor to the left there are
two dead bodies

Perhaps
they are the bodies of birds
asphyxiated
by the fumes of a small stove
in the middle of a room
where the walls
are papered with picture postcards
Perhaps
they are cats
closed up in burlap sacks
hung from beams

et frappés à mort
          par Félicien qui le soir
après ses douze heures
de salle
règne sur l'univers
où les dessous
          de la caissière voisinent avec des rats
des pelotes de laine
          et des épingles à cheveux

O douleur
Stupeur de l'enfant
qui rentrant de l'école
trouve sa mère
          les veines du poignet ouvertes
à côté de son amant
pareillement mort
tous les deux insolemment nus
          dans leur sang
                    et
Georges
          incapable
de trouver une situation
voué à faire
carrière d'officier-parachutiste
Georges
assis en tailleur dans ma mémoire
entre Michel Anne Nadja
et le Palais de Justice

Vous êtes
          jeune
Profitez-en
Faites du stop
Mon carrosse est à votre entière
          disposition
Sous son blue-jean

and beaten to death
  by Félicien who in the evening
after his twelve hours
waiting on tables
rules over the universe
where the underparts
  of the cashier rub shoulders with rats
balls of wool
  and hairpins

O misery
Stupefaction of the child
who comes home from school
to find his mother
  has opened the veins in her wrist
alongside her lover
as dead as she is
both of them insolently naked
  in their own blood
      and
Georges
  incapable
of finding a job
sworn to make
his career as a paratrooper
Georges
seated cross-legged in my memory
among Michel Anne Nadia
and the court house

You are
  young
Make the best of it
Go hitchhiking
My carriage is entirely
  at your disposal
under her blue jeans

les ourlets de sa culotte
   se déplaçaient au gré d'un mouvement des
jambes
j'avalai ma salive
   avec difficulté
et c'est ainsi qu'elle fut mienne
dans l'inconfort
   et l'illégalité
sur un talus
parmi
les roches éruptives et cristallophyliennes

the outline of her panties
        shifted every time she moved her
legs
I swallowed my saliva
        with difficulty
and so she became mine
in discomfort
        and illegality
on an embankment
among volcanic crystallophyline formations

LAMARTINE

Monsieur de Lamartine, je frappe à votre porte.
Ouvrez-moi, je vous prie, je suis très fatigué.
Je porte sur le dos une pauvre âme morte
Et je n'ai plus ni feu, flamme, ni cheminée.

Le siècle où je suis né est froid comme un tombeau.
Des aigles à face d'homme dévorent les enfants.
Des fontaines de sang remplissent les ruisseaux
Et l'on meurt de faim aux quatre continents.

Moi, j'allais en chantant l'amour et l'amitié,
Persuadé que Dieu me prêterait main forte,
Mais ni lui, ni ses saints n'ont daigné m'écouter,
Monsiur de Lamartine, ouvrez-moi votre porte.

Lorsque j'étais enfant, éperdument j'ai cru
Aux élans fraternels, à la chaîne d'union;
Le riche aidait le pauvre et pour chaque pied nu,
On tissait des sandales décorées d'un prénom.

Maintenant il est tard, je pèse mes erreurs,
Comme il fut dit cent fois, l'homme est un loup pour l'homme.
Caïn tuant Abel n'était qu'un amateur,
On a brûlé depuis des pyramides d'homme.

Monsieur de Lamartine, je frappe à votre porte.
Ouvrez-moi, je vous prie, je suis très fatigué.
Je porte sur le dos une pauvre âme morte
Et je n'ai plus ni feu, flamme, ni cheminée.

LAMARTINE

Monsieur de Lamartine, I come knocking at your door.
Open up and let me in, for I am very tired.
I carry on my back a soul as numb as it is poor,
And I have no more flame, no chimney and no fire.

This age I was born into is as frigid as the grave.
Eagles eat the children, eagles with the face of men.
Fountains run with blood until they overflow the rivers,
In all the corners of the earth, people die of famine.

Meanwhile, I've been warbling on of love and fellowship,
confident that God would always lend His mighty hand,
but neither he nor any saint has ever cared a rap,
Monsieur de Lamartine, please see fit to let me in.

When I was still a child, I believed in human rights,
in brotherhood and union — underneath, we're all the same —
the rich relieved the poor, and for every naked foot
a sandal was designed, embroidered with that person's name.

But now it's growing late, I weigh the error of my ways.
I'd heard it said a hundred times, man is a wolf to man.
But Cain who killed his brother was a novice at the business —
Men have been rounded up and burned in pyramids since then.

Monsieur de Lamartine, I come knocking at your door.
Open up and let me in, for I am very tired.
I carry on my back a soul as numb as it is poor,
And I have no more flame, no chimney and no fire.

POÈME ENGAGÉ

À Jeannette et Henri Levart

Mi-juin. Je viens de me réveiller, j'ai mis le nez à la fenêtre. On ne devrait jamais mettre le nez à la fenêtre à l'improviste. Une fois sur deux le regard rencontre des maçons occupés à inonder, gratter, calfeutrer, blanchir. Il y a si longtemps que les murs servent de support à la littérature populaire: Mort aux vaches — J'aime Josyane — Libérez Martin chose — US go home.

Donc, disais-je, j'avais innocemment entrouvert ma fenêtre, quand me tombèrent sous les yeux quatre maçons, composant un ballet sur un échafaudage.

Il faut avoir vu, entre les rideaux du théâtre du quotidien, ces hommes, d'une désinvolture, d'une grâce, d'une maîtrise, qui laissent loin derrière la plupart des numéros, pour lesquels on paie très cher des places au Music-Hall.

Manuelo prit une planche et, lui ayant fait décrire dans l'espace une élégante arabesque, la glissa du côté de Saïd. Saïd leva la tête, attrapa la planche au vol, fit six pas sur une poutre vacillante et renvoya la politesse à l'étage au-dessous où Salvatore fit de même, tandis qu'un pied sur la gouttière, l'autre sur la corniche, Vlado, à trente mètres du sol, hissait en fredonnant les seaux de ciment et de sable.

Décrire ce qui se passait me paraît difficile. Cela se jouait sans effets ni roulements de tambour, comme pour le plaisir.

Deux fois, j'eus peur pour l'un de ces hommes qui m'offraient entre ciel et terre ce spectacle inattendu et gratuit. Puis, m'étant rendu à l'idée que l'expérience les protégeait mieux que les soubresauts de ma sensibilité, je me posai la question que voici:

quel salaire reçoivent, en échange des risques encourus et des efforts fournis, ces acrobates anonymes?

Leur travail achevé, j'interrogeai l'un d'entre eux. Je ne vous dirai pas ce qu'il m'a répondu. Vous ne me croiriez pas.

Les temps ont changé, mais pour le berger qui du haut de la colline souffle dans sa flûte et le maçon qui sur l'échafaudage chante dans sa langue, c'est toujours la même chanson.

A POLITICAL POEM

Mid-June. I had just woken up, stuck my nose out the window. You should never stick your nose out the window without warning. Half the time your look meets construction-workers busy rinsing, scraping, chinking, white-washing. It's been a long while since the walls supported popular literature: Off the pigs — I love Josyane — Free Martin something — *US go home*.

So, as I said, I had innocently half-opened my window, when what should I see but four workers dancing a ballet on their scaffolding.

You really should have seen, between the curtains of the theatre of the everyday, these men with an ease of manner, a grace, a mastery that far outdistances most of the acts people pay top price for at the Music-Hall.

Manuelo took a board and, using it to describe an elegant arabesque in the air, slid it along to Saïd. Saïd raised his head, caught the board in mid-air, took six steps on a swaying beam and passed the compliment to the floor below where Salvatore repeated his action while Vlado, with one foot in a gutter and the other on a cornice thirty meters above the ground, humming, hoisted buckets of cement and sand.

It's difficult for me to describe what was going on. It was played out without special effects or drum rolls, just for the fun of it.

Two different times, I feared for one of these men who presented me with this free, unexpected spectacle between heaven and earth. Then, once I realized that experience protected them better than the somersaults of my compassion, I asked myself this question:

what are they paid, these anonymous acrobats, as compensation for the risk they take and the effort they expend?

When they were done, I put the question to one of them. I won't tell you how he answered. You wouldn't believe me.

Times have changed, but for the shepherd who breathes into his flute on the hilltop and the construction-worker who sings in his own language on the scaffolding, it's always the same song.

LE MENDIANT DISTRAIT

C'était un soir de Noël du mois d'octobre.

J'avais rendez-vous avec quelques amis aux Deux Magots. Par super-stition, probablement, j'hésite à livrer le nom de mes amis.

Chaque fois que je fais cas d'une amitié, elle se défait.

Bref, j'avais rendez-vous aux Deux Magots avec X et Y. Je cheminais sur le trottoir du boulevard Saint-Germain, lorsque je vis ceci : près d'un magasin éclatant de lumière deux amoureux s'embrassaient — ému par ce spectacle un mendiant avait laissé tomber sa sébile.

THE DISTRACTED BEGGAR

It was a Christmas night in October.

I had arranged to meet some friends at the Deux Magots. As a matter of superstition, most likely, I hesitate to give up the names of my friends.

Every time I value a friendship, it falls apart.

It's just that I had arranged to meet X and Y at the Deux Magots. I was walking along the sidewalk on the Boulevard Saint-Germain when this is what I saw: next to a store bursting with light, two lovers locked in a kiss — moved by the spectacle, a beggar had dropped his bowl.

14 JUILLET 1957

Dans la forêt de Saint-Germain-en-Laye, j'ai rencontré un homme qui jouait de la flûte, un homme qui soufflait de toutes ses forces dans un flûte en ne regardant nulle part.

Je sais bien que je devrais me taire, que si peu que j'en puisse dire, j'en aurai déjà trop dit, mais il est impossible que je refuse à cet homme le droit d'asile dans mon poème.

Maghrébin, crépu, buriné, demi-borgne, il soufflait dans son instrument et les sons qui en sortaient, m'écorchaient l'âme. Une minute, il s'est tu, a souri, puis avant que j'aie pu prononcer une phrase, il s'est à nouveau jeté sur la flûte et a disparu.

Pas une herbe n'en saura un mot de plus.

14 JULY 1957

In the forest of Saint-Germain-en-Laye, I met a man who was playing the flute, a man who breathed as hard as he could into a flute and paid no attention to his surroundings.

I know that I should say nothing, that the little I could say will already have been too much, but it's impossible for me to refuse this man the right of sanctuary in my poem.

North-African, nappy-headed, deeply lined, half blind, he breathed into his instrument and the sounds that issued from it burned my soul. He stopped for a minute, smiled, then before I could utter a sentence, threw himself back into his flute and disappeared.

Not a blade of grass will know anything more about him.

FUGUE

Oui, mais la pluie cessa
J'ouvris mon imperméable et rentrai à pied
Sur les plaques luisantes
     l'eau s'évaporait

Du lieu où j'étais
à celui où je comptais me rendre
Il y avait environ trois kilomètres de bergères
d'oiseaux d'arbres et de bergères
D'un côté c'était la famille
de l'autre l'inconnu
     la cité
le médecin avec son stéthoscope
le Palais de Justice l'arrêt de l'autobus
Des secrets d'enfant remontaient ma mémoire

Madame Langsdorff disait
     Vous êtes jeune profitez-en
Ils sont jaloux

Sous sa robe les ourlets de sa culotte se déplaçaient
au gré des mouvements de ses jambes
Elle savait quel trouble cela semait en moi
et quelle difficulté j'éprouvais pour avaler ma salive
Je lui répondais

Vous croyez qu'ils sont jaloux
Qu'est-ce que cela peut bien leur faire que je sois
jeune et
que vous soyez belle

FUGUE

Yes, but the rain let up
I unbuttoned my raincoat and came home on foot
On the shining stepping-stones
    water was evaporating

From the place where I'd been
to where I planned on going
there were about three kilometers of wagtails
birds trees and wagtails
on one side family
on the other strangers
   the town
the doctor with his stethoscope
the police headquarters the bus stop
Childhood secrets rose up in my memory

Madame Langsdorff saying
   Take advantage of your youth
They are jealous

Under her dress the outline of her knickers moved
every time she shifted her legs
She knew what seeds of trouble that sowed in me
and how hard it was for me to swallow my saliva
I answered her

You think they're jealous
Why does it matter to them that I am
young and
you are beautiful

Comme à cette époque nous habitions à côté l'un de l'autre, lui mort, moi vivant, entre Rodin et moi s'instaurèrent des relations de voisinage.

Familier, insolent et iconoclaste comme je l'étais, je lui distillais des reproches.

Vous êtes content. Vous vouliez aussi la gloire posthume! Vous l'avez. Vous êtes bien avancé maintenant. Certes, vous y avez mis le prix.

Quant à Camille, n'en parlons pas la pauvre. C'était d'ailleurs votre seul point d'accord avec son frère Paul: ne pas parler de Camille.

D'entre vous deux on a du mal à discerner celui qui fut le plus ignoble.

Vous aviez l'un et l'autre des pieds trop larges, des doigts de pied énormes, sortes de surgeons, qu'on eût dit taillés par Rodin.

Des paumes de main et des chevilles épaisses, qu'on eût dit taillées par Rodin.

Des têtes grasses, posées sur des cous larges et mous, qu'on eût cru taillés par Rodin, avec son gros burin.

D'autres fois je lui disais,

vous manquez de grâce, mais pas d'opiniâtreté. On ne peut vous accuser de légèreté. De quoi d'ailleurs oserait-on accuser un homme qui de son vivant a conçu, organisé et bâti le musée de lui-même?

Non, Monsieur Rodin, vous ne manquez de rien. Si ce n'est de ce qu'avait le poète, qui durant quelques années vous servit, Rainer Maria Rilke.

Ne me dites pas que vous l'avez oublié!

Mais je dois avoir tort. On ne dérange pas les morts illustres, à moins d'être mort et illustre soi-même.

AUGUSTE AND PAUL

Since at that time we lived right next to each other, he being dead and I alive, between Rodin and me there developed neighborly relations.

Presumptuous, cheeky and iconoclastic as I was, I distilled some fine complaints against him.

You're happy. You wanted your posthumous glory, and you have it. You've come a long way. And sure, you paid your dues.

As for Camille, we won't talk about the poor girl. Moreover, that's the only thing you and her brother Paul ever agreed on: not to talk about Camille.

It's difficult to tell which of the two of you was the more dishonorable.

You both had feet that were too large, enormous toes like tendrils that you could say had been sculpted by Rodin.

The palms of your hands and thick ankles that you say could have been sculpted by Rodin.

Meaty heads set on wide, flabby necks that you could believe had been sculpted by Rodin, with his flat burin.

At other times I told him,

What you lack in grace you make up in pigheadedness. You certainly can't be accused of levity. What other accusation would you dare lay at the door of a man who conceived, organized and constructed his own museum during his lifetime?

No, Monsieur Rodin, you're not missing anything. Unless it's something that poet had, who worked several years for you, Rainer Marie Rilke.

Don't tell me you've forgotten him!

But I must be wrong. Don't stir up the illustrious dead, unless you're dead and illustrious yourself.

Docteur, ce n'est pas une noble blessure, comme celle de Nazim Hikmet qui avait trop longtemps porté son peuple sur le dos.

Ce ne sont pas non plus les épines des douze roses rouges qui déchirèrent le crâne de Federico.

Ni l'odieuse main verte qui, à Drancy, détruisit la minutieuse horloge qui fonctionnait dans la poitrine du pauvre Max.

Ce n'est en rien semblable au fantôme de Youki, entrebâillant l'âme meurtrie de Robert Desnos, mort en déportation dans les bras d'un Tchèque, le jour même de sa liberté revenue.

Non, Docteur, c'est une plaie banale, honteuse, un coup d'épingle à cheveux de femme, dans la région du sexe et de l'orgueil.

Mais c'est très douloureux. Docteur, de nuit en nuit ça s'infecte.

C'était pourtant une fille ordinaire, outrageusement maquillée, une de ces filles qui portent des lunettes et des chapeaux extravagants, qui rient, pleurent, se déhanchent à tout instant et laissent traîner leur regard.

Docteur, j'ai mal de honte. Vous savez, j'ai une vraie femme, à moi, et trois enfants, bientôt quatre. C'est terrible ce qu'il m'advient! Je ne peux quand même pas me tuer.

Docteur, il m'arrive de me comporter comme une serpillière. Moi qui ai fait les quatre cents coups et quelques autres, moi qui n'ai pas cédé devant la Gestapo à dix-sept ans, moi qui qui n'ai plié le genou ni devant Dieu ni devant le diable, il m'arrive de ne plus être en mesure de me contrôler.

Je sais, dit le médecin, ces cas sont les plus graves, les plus répandus aussi. Les filles faciles sont de dangereux bacilles, précisément parce que l'organisme ne se méfiant pas réagit généralement trop tard. Honnêtement, je ne puis rien pour vous.

Évitez la grande musique, le clair obscur, les fleurs, ses photographies, ses lettres si vous en avez.

Occupez-vous, travaillez avec acharnement, entourez-vous d'amis bruyants et gais.

Si votre foie le supporte, buvez. Mais surtout, pas de solitude. Dans votre état, quinze secondes peuvent suffire à faire de vous un fait divers.

NEUROLEPTIC

Doctor, this is not a noble wound, like that of Nazim Hikmet who carried for too long his people on his back.

And these are no longer the thorns from the twelve red roses that tore open Federico's skull.

Nor the hateful green hand which, at Drancy, destroyed the miniature timepiece that beat in the breast of the wretched Max.

This is nothing like the phantom of Youki, half-opening the murdered soul of Robert Desnos, dead during the deportation in the arms of a Czech student, the very day of regaining his freedom.

No, doctor, this is an ordinary puncture, shameful, a prick from a woman's hairpin in my genital region and in my pride.

But it hurts very much. Doctor, from night to night the infection spreads.

Besides, it was an ordinary girl, with outrageous make-up, one of those girls who wear glasses and fancy hats, who laugh, cry, always swaying their hips and casting provocative glances.

Doctor, I'm sick with shame. You know, I have a real wife, my own, and three children, a fourth on the way. It's terrible what's happening to me. And no way can I kill myself.

Doctor, I'm behaving like a dishrag. I who acted like a holy terror in childhood, I who did not succumb to the Gestapo at the age of seventeen, I who bend my knee neither to God nor to the devil, now I have no control over myself.

I know, the doctor says, these cases are the most serious ones, also the most widespread. Easy girls are dangerous bacilli, precisely because the organism without suspicions usually reacts too late. Honestly, I can do nothing for you.

Stay away from classical music, chiaroscuro, flowers, snapshots of her and her letters if you have any.

Keep yourself busy, work with diligence, surround yourself with cheery and boisterous friends.

If your liver can take it, drink. But especially, don't be alone. In the state you're in, fifteen seconds are enough to turn you into a news

Si vous tenez trois mois, avec une nature comme la vôtre, vous avez des chances de vous en tirer. Méfiez-vous quand même, d'autant que dans ce domaine les poètes sont d'une vulnérabilité légendaire.

Maintenant, dormez, je reviendrai demain.

item. If you hold on for three months, with a system like yours, you have a good chance of getting clean. Distrust yourself all the same, as poets are known to be famously susceptible here.

Now, get some sleep, I'll be look in on you tomorrow.

PAROLE D'ARBRE

À Frabine

Un arbre parle,
d'autres l'écoutent.
Les merles murmurent,
les buissons chantent, paupières mi-closes.
L'arbre raconte une très ancienne histoire,
où il est question d'un oiseau mort
il y a longtemps,
sur la plus haute branche,
où il attendait en vain, hiver comme été,
le retour de l'élue.
L'arbre parle de l'amitié qui liait un écureuil
à un arbre
qu'un jour des bûcherons assassinèrent.
L'arbre parle
avec des remuements de feuilles
du petit écureuil, qui mourut de chagrin.
L'arbre parle du ciel
et du berger qui garde les nuages.
L'arbre parle de la mer
il dit son regret
de ne l'avoir jamais personnellement approchée,
puis ajoute que les vents lui rapportent souvent
des messages inattendus
et des voix lointaines.
L'arbre hausse le ton,
dit qu'il se méfie des hommes,
qu'il leur préfère les tortues,
les lapins, les sangliers
et qu'il a entendu dire le plus grand bien
des éléphants, des girafes, des hippopotames
et même des crocodiles,
qui sont chez eux dans la rivière,
et très patients.

WORD OF A TREE

A tree speaks,
others listen.
The blackbirds murmur,
the shrubbery sings, with half-closed eyes.
The tree tells an old story,
about a bird
long dead,
on the topmost branch,
where he waited in vain, winter and summer,
the return of his chosen one.
The tree speaks of the friendship between a squirrel
and a tree
murdered one day by woodcutters.
The tree speaks
with the movement of leaves
about the little squirrel who died of grief.
The tree speaks of the sky
and of the shepherd who watches over clouds.
The tree speaks of the sea
he tells his regret
for never having personally approached it,
then adds that the winds often bring
unexpected messages
from faraway voices.
The tree raises the tone,
says that he has no use for mankind,
that he prefers turtles,
rabbits, boars
and that he has heard nothing but good
of elephants, giraffes, hippopotami
and even crocodiles,
who are at home in the river,
and very patient.

QUAND

Quand un cheval se prend pour une tortue, qui s'émeut?

Quand une jeune tortue ambitieuse se prend pour une girafe et que ses proches haussent les épaules; quand une autre tortue glisse d'une pierre moussue, tombe à la renverse et bat des pattes dans le vide des heures durant, jusqu'à ce que mort s'ensuive, qui se pose des questions?

Quand un huissier, qui avait décidé à la suite d'un petit héritage de changer de profession, reçoit en plein visage une giclée de chevrotines tirée par un malheureux mécontent, qui le plaint?

Quand, rendu au bord de la page comme d'un précipice donnant sur le vide, le poète, se rappelant l'inconsistance et la puérilité de l'acte d'écrire par des moyens aussi discutables que ceux qu'il emploie plus ou moins bien avec son crayon, se relit,

quelle misère!

A moins que le miracle ne soit au rendez-vous.

WHEN

When a horse thinks it's a turtle, who cares?

When a young, ambitious turtle thinks it's a giraffe and its neighbors shrug their shoulders; when another turtle slides off a mossy stone, falls on its back and beats its stubby paws in the empty air for hours until it dies, who raises questions, even of himself?

When a petty official who has received a small inheritance and decided to change his profession is sprayed with buckshot by a disgruntled wretch, who complains?

When, brought to the edge of the page like a cliff falling away into the void, the poet, remembering the inconsistency and childishness of the act of writing by means as arguable as those he employs more or less well with his pencil, rereads what he's written,

what misery!

Unless there's a miracle at the meeting-place.

RÉPONSE DE LA BERGÈRE AU BERGER

Mon cher Paul

Il ne me viendrait pas à l'esprit de critiquer ton sexe, alors que tu as toujours été très courtois et même élogieux à l'égard du mien. Libère-toi de cette idée! Je n'ai vraiment aucune remarque désobligeante à faire sur les dimensions et la forme de l'organe de ta virilité mâle, qui en vaut bien d'autres. Tout au plus pourrais-je te suggérer, si tu me le demandais, d'en faire un meilleur usage.

Je sais bien qu'une fois encore, tu vas te sentir "agressé" comme tu dis. Pourtant, telle n'est pas mon intention. Mais, plutôt que les caractéristiques techniques d'un sexe d'homme, je tiens, quant à moi — et sur ce point sois assuré que je ne suis pas la seule à penser ainsi, Nicole, si elle était moins sournoise, te le dirait également — que c'est la façon dont un homme s'en sert qui fait tout son charme et son intérêt. D'autre part, je te signale que je ne suis pas une obsédée et qu'il m'arrive de penser à autre chose. Quant à ta valise et aux photographies, tout est encore là où tu l'as mis toi-même. Si tu passes samedi après-midi, après quatre heures, je serai sans doute de retour; si tu passes à un autre moment, la clef est là où tu sais. N'oublie surtout pas de refermer.

Mais qu'est-ce que j'écris! Je suis idiote. Tu auras lu les trois premières lignes de cette lettre et tu l'auras déchirée, car ce que je peux penser, en supposant que tu daignes, par inadvertance, me juger capable de le faire, t'indiffère éperdument. Pour toi, je suis une "fontaine de larmes" comme tu me l'as répété maintes fois, une amphore, que l'habile plongeur que tu es, a repêchée au péril de sa vie un jour de tempête. Mais dans cette amphore, si tant est que je mérite une si lyrique comparaison, qu'as-tu mis, Norbert? Ton tabac, tes notes d'électricité et de gaz, tes métaphysiques fumeuses, théories de bazar, une révolte, sans audace ni consistance, et aussi certes, de temps en temps, ton sexe, lorsque tu ne lui trouvais pas d'autre issue plus inédite, ton sexe, dont tu voudrais que je l'idolâtre.

THE REPLY OF THE SHEPHERDESS TO THE SHEPHERD

My dear Paul

Far be it from me to criticize your sex, when you have been so courteous, indeed laudatory, with respect to mine. Banish the thought! Truly, I have not a single uncomplimentary remark to make about the dimensions and the form of your organ of masculine virility, which is the equal of many others. However, if you were to ask, I might be able to suggest that you make better use of it.

I know that once again you are going to feel "attacked," as you put it. Please, this is not my intention. But, rather than the technical characteristics of a man's sexual organ — for me at least — and on this point be assured that I am not the only one to think so — Nicole, if she were a little less manipulative, would tell you the same thing — it is the manner in which a man employs it that constitutes all its charm and interest. Moreover, let me be clear that I am not obsessive about this, and that I do turn my mind to other subjects. As for your suitcase and the pictures, everything is where you yourself left it. If you come by on Saturday afternoon, after four, I shall surely be home; if you come at another time, you know where to find the key. Please don't forget to lock the door again.

But what am I writing? How stupid I am. After reading the first three lines of this letter you will rip it up, because, whatever I think, assuming that you perchance deign to suppose me capable of thinking at all, is supremely unimportant to you. For you, I am a "fountain of tears," as you have told me so many times, an amphora that you, able diver that you are, brought to the surface at the risk of your own life one stormy day. But, Norbert, you have filled this amphora — if I may allow myself so lyric a comparison — with what? With your tobacco, your electricity and gas bills, your smoky metaphysics, schoolboy theories, a rebellion with neither daring nor consistency and also, of course, from time to time, when you couldn't find a more original opening for it, with your sex organ, which you would have liked me to idolize.

Julien, regarde-le toi-même, sans parti-pris, cet organe dont tu fais tant de cas, avec lequel tu voudrais exprimer la volonté de puissance qui te ronge.

La plupart du temps, il ressemble à un de ces petits batraciens souffreteux, que l'on découvre parfois dans les pissenlits, au bord des pièces d'eau croupie. Et quand, après beaucoup d'efforts (et tu avoueras que je suis bien placée pour en juger) une femme, à force d'attentions et de caresses, parvient à le tirer de son état de prostration, alors il fait songer à ces chiens auxquels on tend un sucre, rougit jusqu'aux oreilles, lève la tête et attend stupidement une récompense qu'il a si peu méritée — ou se rue, tête baissée, avec des spasmes d'épileptique, vers sa pitance, pour retomber quelques secondes après dans sa léthargie.

Philippe, je n'ai jamais méprisé ton sexe, je te l'ai dit, mais tu as tort d'en faire un dieu. Regarde-le honnêtement et simplement, et tu conviendras qu'il ne justifie ni l'admiration ni le mépris, et qu'à tout prendre, il est moins séduisant que celui d'un de ces petits ânes que l'on voit tirer des charrettes pleines d'enfants sur l'Esplanade des Invalides et qui parfois, les naseaux dans la poussière, bandent en silence, rêvant peut-être à quelque ânesse aux yeux verts, qui fait tourner la noria en Arabie Saoudite, à l'ombre des puits de pétrole et des derricks.

Au demeurant on dirait, à t'écouter ou à te lire, que tu es le seul à disposer d'un sexe et que je devrais t'en rendre grâce jusqu'au bout des temps. Adrien, des sexes d'homme, il y en a dans tous les caleçons d'homme, en Californie, au Texas, à Tcheliabinsk, à Bécon-les-Bruyères, sous les jupes de cornemuseux écossais, sous les soutanes des prêtres, et même sous la robe de bure du pape; à Hong-kong, à Tokyo, à Dakar, à Dakar où, dit-on, ils sont en règle générale mieux constitués et surtout doués d'un sens du rythme qui fait défaut aux sexes mâles d'Occident.

Cesse donc de sublimer le tien, qui n'a rien de particulièrement original et qui — c'est ainsi que je voudrais conclure — tel qu'il est, me paraît avoir encore beaucoup à apprendre, ne fût-ce que par rapport à celui de ton ami Roger, enfin ton ex-ami, que tu traitais avec tant d'indifférence, Roger la poule mouillée comme tu disais, qui avec le sien m'a fait voir, sans desserrer les dents et sans littérature, à midi les étoiles et à minuit les soleils hédonistes.

Désormais il ne peut être question d'un recommencement entre nous. Il m'a fallu du courage pour rédiger cette lettre qui n'a d'ailleurs d'autre objet que de mettre un terme à nos ambiguïtés et à une liaison

Julien, just look at it without preconceptions, this organ that you make so much of, that you would like to use to express the will to power gnawing at you.

Most of the time, it looks like one of those scrawny little frogs you sometimes see among the dandelions on the edge of a stagnant pool. And when, after a great deal of effort (and you will admit I am well situated to judge this) a woman, by means of attentions and caresses, manages to draw it out of its state of prostration, then it calls to mind one of those dogs they offer sugar to, it goes red to the ears, lifts its head and waits stupidly for a reward it's hardly earned — or it lunges for its crumb of nourishment, head lowered, with epileptic spasms, only to fall back into its lethargy a few seconds later.

Philippe, I have never despised your sex, I've told you, but you are wrong to make a god of it. Look at it honestly and simply, and you will agree that it justifies neither admiration nor scorn and that, all in all, it is less seductive than that of one of those little donkeys you see pulling wagonloads of children on the esplanade of Les Invalides and which sometimes, muzzle in the dust, quietly stiffens, dreaming perhaps of some jenny with green eyes who is turning a noria in Saudi Arabia, in the shadow of oil wells and derricks.

All in all, listening to you or reading you, a person would say that you are the only one ever graced with a sex organ and that I ought to be thankful for this until the end of time. Adrien, every man has an organ in his pants, in California, in Texas, in Chelyabinsk, in Bécon-les-Bruyères, under bagpiper's kilts, under priest's robes, and even under the pope's horsehair shirt; in Hong Kong, Tokyo, Dakar — Dakar where, it's rumored, they are generally better formed and particularly gifted with a sense of rhythm lacking in the masculine organs of the Occident.

Therefore, stop making so much of your own, which is not unique and which — I'd like to finish up with this — appears to have a lot more yet to learn, if only in comparison with that of your friend Roger, your ex-friend, whom you used to treat with such indifference, Roger the wet chicken you used to say, who has used his to make me see, without clenching his teeth and without literature, the stars at noon and orgiastic suns at midnight.

From now on, there can be no question of our beginning again. It has taken courage for me to compose this letter with no other goal than to put an end to our ambiguities and a liaison as unseasonable and as

aussi hors de saison et incongrue que celle d'une péniche, vibrante de tous les frissons et les remous d'un fleuve, avec le sas d'une écluse, toujours hésitant entre le bief d'amont et celui d'aval.

Signé
    Madame JA

incongruous as that of a canal-boat, trembling in all the currents and eddies of a river, with the gate of a lock, always vacillating between the water-level upstream and the water-level downstream.

Signed
    Madame JA

UN JOUR

Un jour je me suis réveillé en me disant: la poésie n'est pas tout; elle est une forme d'expression parmi d'autres, un art de moins et moins fréquenté.

Un jour, je me suis réveillé en me disant: pauvre oiseau, toute ta vie tu t'es accroché à cette branche, tu es ridicule!

Je me suis affronté, insulté, remis en question; un jour, je suis passé à l'ennemi. Je me suis trouvé drôle!

Ce qui, durant toute mon existence, avait été tout pour moi, est devenu rien.

Vous me lisez?

Encore que vous puissiez avoir bien d'autres choses à faire.

Un jour, je suis devenu, n'ayons pas peur des mots, raisonnable; c'est atroce.

Un jour je me suis dit mes quatre vérités, comme disait mon père, ce monstre tranquille qui avait horreur de la poésie, ou plutôt — et c'est pire — pour qui la poésie était lettre morte.

Un jour, je me suis dit, à la rigueur on peut être romancier et poète, clown et poète, pharmacien, médecin et poète, préfet et poète, voyou et poète, mais pas poète tout nu.

Un jour, moi aussi je me suis dit: la poésie ne peut être qu'un complément, une particularité, une fantaisie, un plus ou un moins, à ne pas faire figurer sur les pièces ou documents officiels, une affaire d'enfants terribles, sujet de réflexion pour psychiatres, fourmi dans une tête mal ficelée.

Un matin, je me suis pris à pleurer comme un gosse, j'ai appelé ma mère morte depuis longtemps. J'ai hurlé, maman, écoute-les, ils se moquent de moi, ils disent que je suis poète; je pleurais comme un fou.

Puis, une fois de plus, j'ai essayé de penser à autre chose.

Quittez ces pages. Je n'ai rien à voir avec vous. Si ça se trouve, vous êtes plus poète que moi!

ONE DAY

One day I woke up saying to myself: Poetry isn't everything. it's one form of expression among others, an art that grows less and less popular.

One day I woke up saying to myself: poor bird, your whole life you've been hooked on that branch, you're a laughingstock!

I accused myself, insulted myself, called myself into question. One day, I went over to the enemy. I found myself ridiculous.

What had been everything to me my whole life long had become nothing.

You read me?

Even though you have a lot of other things to do?

One day I became, having no fear of words, reasonable, it was horrible.

One day I told myself my four truths, as my father used to say, that easygoing monster who was horrified by poetry, or rather — and this is worse — for whom poetry was a dead letter.

One day I told myself, in a pinch it's possible to be a novelist and a poet, a painter and a poet, a prison guard and a poet, a clown and a poet, a druggist, a doctor and a poet, an official and a poet, a hooligan and a poet, but not just a poet.

One day I also told myself: Poetry can be only an accompaniment, a specialty, a fantasy, a plus or a minus, out of place in official rooms or documents, an affair for unruly children, a subject of contemplation for psychiatrists, a bee in an unraveled bonnet.

One morning, I started weeping like a little kid, I called for my long dead mother. I screamed, Mama, listen to them, they're making fun of me, they're calling me a poet. I wept like a madman.

Then, once again, I tried to think about something else.

Leave these pages. We have nothing in common. If that's the case, you are more a poet than I am!

Jetez-vous sur l'avenir
au vol, comme l'indien sur les reins du cheval
sauvage
et n'en cherchez pas davantage
Prenez votre monture au col
foncez
avalez le temps avant qu'il ne vous avale
frappez des deux talons les flancs de la cavale
Yeux fermés
Cheveux au vent
Lèvres entrouvertes
courez courez à votre perte
Allez au-devant du temps
faites voler en éclats horizon et raisonnements
tout ce qui est inerte ment
prenez les devants
bousculez Dieu comme une idée reçue
Ruez-vous sur l'avenir avant que les vers ne vous
mangent
pressez votre cœur comme on presse une éponge
faites-lui rendre tous les prénoms
tous les instantanés d'amour
tous les rêves inassouvis
qu'il a stockés
dans ses greniers
Sur cette plage
cette photographie
cette barque
ton sourire
le premier de nos enfants
le second
Sable   mer   vent   Qui parle?
Taisez-vous
Laissez-moi seul
avec ces bruits de pas dans le cimetière

Jetez-vous sur l'avenir

Throw yourself on the future
in full gallop, like a redskin leaping bareback
onto a wild horse
and look for nothing more
Seize the steed's neck
charge forward
swallow time before it swallows you
dig your heels into its sides
Eyes shut
Hair loose in the wind
Lips half open
run run yourself into the ground
Straight ahead into what will come
burst through horizons and reasons
everything inert deceives
seize the lead
overrun God like an old cliché
Kick against the future before the worms
devour you
wring out your heart the way you wring a sponge
make it give up all its names
all the immediacies of love
all those unappeased dreams
it has stored
in its lofts
On this beach
this snapshot
this little boat
your smile
our first child
and the other one
Sand   sea   wind   Who is speaking?
Be quiet
Leave me alone
with these footsteps in the graveyard

Il est tard
dire qu'il sera toujours trop tard
la grande nuit morte monte et persiste
Jetez-vous sur l'avenir
ou par la fenêtre
ne vous retournez pas
laissez les autres suivre votre enterrement
mais ne soyez pas du cortège
opposez n'importe quoi à l'inertie
ne fût-ce qu'une plume ou un flocon de neige
et que celui qui possède encore des yeux
les ferme
avant que le flocon
ne fonde sous ses regards impuissants

It is already too late
to say it will always be too late
the immense dead night rises and lingers
Throw yourself on the future
or out the window
do not turn back
let the others attend your funeral
but stay out of the procession
oppose anything to inertia
even if only a feather or a snowflake
and may whoever still has eyes to see with
shut them
before the snowflake
melts under their impotent gaze

Des plaisirs de la chair, elle exigeait qu'ils fussent illicites et me parlait d'une voix d'ange, empruntée à un coquillage, lentement et avec intérêt, des mérites de son mari et de sa petite, plus petite fille encore, qui cueillait, paraît-il, des groseilles par tous les temps, dans un jardin d'alentour.

D'autres fois, il fallait que je la respecte des heures durant. Elle était ma jeune cousine, à qui je devais donner des leçons de piano, tout en prenant bien soin de son innocence. Dans la vaste pièce, exhumée sans doute d'un château du treizième, il y avait une cheminée où brûlaient, avec d'infinis soupirs et des soubresauts d'étincelles, les arbres les plus exaltés de la forêt voisine. Elle, nue, apparemment sans y penser, jouait quelques pièces composées pour l'orgue d'église et je devais, sans qu'à aucun moment elle le pût soupçonner, me masturber comme un collégien. Elle n'avait de goût que pour le mensonge, répétant volontiers, de cette voix d'ange empruntée à un coquillage : je suis fausse, délibérément, par nature.

Lorsqu'ainsi je devenais cousin, chargé de son éducation musicale, elle exigeait que je sois très pauvre, pratiquement affamé, ébloui par le luxe tranquille dans lequel elle se mouvait sans ostentation, laissant choir des bijoux d'une exceptionnelle valeur, dans la cage de l'escalier, étant bien convenu qu'il ne me fallait surtout pas y prendre garde et me baisser pour récolter ces perles ou diamants futiles ; faute de quoi elle me crachait au visage, jusqu'à ce qu'exaspéré je la frappasse, lui extirpant de longues plaintes, dont elle était extrêmement friande.

Dites-moi, qui joue cet adagio lancinant au fond de moi et ce que fait parmi mes souvenirs cette femme machinale et nue, et ce qu'elle cherche sur les toits à une pareille heure ?

Dites-moi ce que je fais au fond du fleuve espace-temps et qui a brûlé le ciel de la flamme d'un invisible chalumeau, jusqu'à ce bleu douloureux.

Dites-moi, ce que je fais depuis des siècles à attendre qui j'attends.

FRAGMENTS AND RELIEFS

As for the pleasures of the flesh, she insisted that they be illicit and spoke to me in an angelic voice derived from a seashell, slowly and with involvement, about the merits of her husband and of her little, so very little daughter, who was always gathering gooseberries, it seems, in a local garden.

At other times, I was required to follow her lead for hours on end. She was my young cousin, to whom I had to give piano lessons, taking good care of her innocence all the while. In the enormous room, excavated for sure from a thirteenth-century castle, there was a fireplace where, with infinite sighs and somersaults of sparks, the most exalted trees from the neighboring forest burned. She, naked and apparently thinking nothing of it, played a few pieces composed for church-organ and I, without her suspecting anything at any time, had to jerk off like a schoolboy. She liked nothing more than telling lies and freely admitted, in this angelic voice derived from a seashell: I am false, on purpose, it's my nature.

So, when I became a cousin, charged with her musical education, she insisted I be very poor, nearly starving, and blown away by the peaceful luxury in which she moved without ostentation, letting jewels of exceptional value drop down the stairwell, having stipulated that I need pay no attention to them or lower myself to recover these useless pearls and diamonds; if not, she spat in my face, which stung me into slapping her, uprooting the endless moans she was so fond of.

Tell me, who is playing this piercing adagio in my heart and what is this mechanical, naked woman doing among my memories, and what is she looking for on the roof at such an hour?

Tell me what I'm doing in the depth of the space-time river, and who scorched the sky with the flame of an invisible straw, up to this doleful blue?

Tell me, what am I doing these waiting centuries whom I wait for.

Une fois, nous roulions en carrosse. Elle s'était mariée le jour même à un riche seigneur. J'étais le page boiteux, qui bégaie et, prétextant quelque migraine, elle avait demandé qu'on la laissât seule avec moi, pour que je puisse lui réchauffer la plante des pieds de mon haleine. Dehors, il neigeait et l'on entendait à peine le bruit des ornières du chemin.

Elle avait rejeté sa tête en arrière, son visage dissimulé dans une vaste châle de haute laine moirée et avec une détermination et une force sans commune mesure avec son apparente fragilité, tirant ma tête à elle par les cheveux, elle m'avait agenouillé entre ses genoux. Ainsi, littéralement plongé dans une féerie de soie et de broderies immaculées, moi, le petit page bègue et boiteux, je dus pendant tout ce fabuleux voyage, contraint aux conditions d'un inconfort extrême, embrasser, laper, ce que, jusqu'à ce jour, personne n'avait approché, si ce n'est d'imagination.

Nous arrivâmes à un poste. Le postillon cria quelque chose comme: si Madame le désire, elle pourra prendre quelque repos; nous n'allons pas changer les bêtes, les nôtres sont incomparablement sûres. Quand elles auront soufflé, nous repartirons.

Alors, elle parut émerger d'un univers mental étrange, où j'étais à la fois présent et accessoire, ouvrit son châle de haute laine moirée, me montra un regard clair où le plaisir ne semblait décidé à capituler ni devant la rumeur publique, ni devant la pudeur, et m'ayant aidé à me relever, s'agenouilla à ma place, libéra mon sexe, le caressa longuement, comme s'il se fut agi d'un oiseau tombé du nid, l'effleura de ses lèvres et de la langue puis, soudain boudeuse, se retourna, se lova contre moi. Je 'entendis encore pleurer, prier peut-être.

Mais ici, je ne suis plus qu'à demi responsable de ce que ma mémoire restitue. J'étais rendu ailleurs, dans un domaine où la conscience perd prise, entré en elle par où elle avait choisi, moi, le petit page bègue et boiteux, ne lésant de la sorte en rien, sur le sacro-saint chapitre de la virginité, celui qui la conduisait à ses noces avec tout le faste qui convient quand on est homme de qualité: triple attelage harnaché de neuf et d'ancien, postillon œil bon, poignet délié, ayant servi dans les armées du roi, dame de suite avec des jarres d'huile de palme et de lait d'amandes, dans deux fourgons supplémentaires, escorte de lansquenets prélevés sur le meilleur de la chiourme des galères — et petit page bègue, claudicant, pour le service privé de la damoiselle en chemin vers l'église où l'archidiacre, revêtu de ses ornements d'apparat, attendait celle dont le

Once, we were rolling along in a carriage. She had been married that very day to a wealthy lord. I was the lame page-boy who stammers and, on the pretext of suffering from a migraine, she had asked to be left alone with me, so that I could warm the soles of her feet with my breath. It was snowing outside and you could barely hear the noise in the ruts of the road.

She had thrown her head back, her face hidden in a large shawl of high watered wool and with a determination and a strength not commensurate with her apparent frailty, drawing my head to her by the hair, she had made me kneel between her knees. Thus, literally swimming in a fairyland of silk and immaculate embroidery, I, the little lame stammering page-boy, for this whole fabulous trip, under conditions of extreme discomfort, had to kiss, lick, what up until then no one had come close to except in imagination.

We arrived at a way-station. The coachman shouted something like: if Madame wishes, she can rest here a little, we are not going to change horses, our own are incomparably sure-footed. When they have recovered their breath, we'll move on.

At that, she appeared to emerge from a strange mental universe, in which I was at the same time present and subordinate, opened her shawl of high watered wool, favored me with a clear look indicating that pleasure did not seem ready to surrender either to public gossip or to modesty, and having helped me to get up, kneeled down in my place, liberated my sex, caressed it at length as if it had been a bird fallen out of its nest, stroked it with her lips and with her tongue then, suddenly sulky, turned away, curled herself against me. I heard her continue to cry, or perhaps pray.

But here, I'm no more than half responsible for what my memory restores. I had gone off somewhere else, into a region where consciousness loses its grip, entered into her just where she had chosen, me, the little lame stammering page-boy, who did no harm at all to the sacrosanct chapel of virginity, the one who led her to her wedding with all the ceremony appropriate to a man of quality: a team of three harnessed old and new, a coachman with a fine eye and a slim wrist who had served in the king's army, a lady-in-waiting with vials of palm-oil and almond-milk, two extra wagons carrying an escort of mercenaries levied from the best of the chain-gang — and a little page-boy stammers, limping, in the private service of the maiden en route to the church where

fantôme règne encore, de la colline que vous apercevez là-bas, entre ces arbres, jusqu'aux marais où, dit-on, il est prudent de ne pas s'aventurer nuitamment sans une bonne arquebuse et trois poires de poudre noire.

the archdeacon, clothed in the accoutrements of his office, was waiting for her whom the phantom still controls from the hill you can see over there, between those trees, as far as the marshland where, they say, it's better not to wander at night without a reliable musket and three horns of black powder.

from DANGER FALAISES INSTABLES
(2002)

PÊCHE À LA LIGNE

Vingt ans après, il lui avait dit je t'aime, non sans précaution et difficulté d'ailleurs, il le lui avait dit de telle sorte — et sur un ton qui pouvait aisément passer pour de la plaisanterie — il le lui avait dit si vite et si bas, qu'elle ne l'avait peut-être pas entendu. Puis, feignant les gestes préalables à la mise en marche du sommeil, très vite il s'était retourné sur le ventre et doucement, longuement, il avait mordu l'oreiller et recommencé sa pêche à la ligne. Lui qui ne pêchait jamais, maintenant, comme presque chaque nuit avant de s'endormir, il pêchait les divers cadavres de sa jeunesse : l'enfance tendre et éperdue — comme sont toutes les enfances — l'adolescence tourmentée et douloureuse, — comme sont toutes les adolescences — et toutes morts qui pleuvaient autour de lui.

Elle dormait sans doute — peut-être, peut-être. Sait-on jamais si l'autre dort vraiment ou si lui ou elle n'est pas aussi projeté dans son théâtre d'ombre, ailleurs, là-bas, là-bas ?

Il lui avait dit, vingt ans après, je t'aime, très vite et très doucement, de crainte qu'elle ne l'entendît — car il était de ces hommes pour qui il y a des choses qu'un homme ne dit pas, parce qu'elles furent trop dites, parce qu'il y a des mots qu'on ne prononce pas, parce que l'amour c'est très grave, parce que l'on ne dit pas à une femme, pas même à Dieu, des mots pareils — c'est une affaire de pudeur — parce qu'un cheval ou un aigle, un ours, un caïman, ne dit jamais des choses pareilles, ni même un chien à son maître — et pourtant, il arrive qu'un aigle, qu'un cheval, qu'un ours et même qu'un chien aime un homme ou une femme, parce qu'il y a des choses qu'on ne dit qu'avec les yeux, ou le silence — les yeux et le silence qui sont les porte-parole de l'essentiel, de ce que l'on appelle âme et qu'une âme bien élevée ne parle pas avec des mots, les mots de toujours et de tout le monde si souvent trahis, parce que ce sont des choses que les poètes écrivent, comme ça, à personne, par pudeur aussi, mais que l'on n'adresse pas à l'intéressé,

car on ne dit pas au feu qu'il brûle,

FISHING

Twenty years late, he had said I love you, not without difficulty, hedging, he had said something of the kind — in a tone that could have been taken as a joke — he had told her so quickly and quietly that maybe she hadn't heard. Then, faking those gestures that come just before sleep, he had turned quickly onto his belly, bitten his pillow tenderly and for a long time, and started fishing again. He who had never been much for fishing before, now, nearly every night before falling asleep, fished for different corpses from his youth: a frenetic and tender childhood — like all childhoods — a tormented and unhappy adolescence — like all adolescence — and all those deaths that rained down around him.

Surely she was asleep — maybe. Maybe. Do we ever really know if the person beside us is sleeping or if he or she, too, has been thrown into his or her own shadow theatre, somewhere far, far away?

He had said, twenty years late, I love you, very quickly and very softly, afraid she might hear him — he was one of those men for whom there are things a man doesn't say, because they were said too often, because there are words not to be spoken out loud, because love is a very serious matter, because you don't say to a woman, not even to God, words like these — it's a question of decency — because a horse or an eagle, a bear, an alligator would never say words like these — not even a dog talking to its master — and yet, it might happen that an eagle, a horse, a bear and even a dog could love a man or a woman, because there are things you say only with your eyes, or with silence — eyes and silence that serve as the messengers of the essential, of what's called the soul and because a well brought-up soul does not speak with words, those everyday universal words that are always betrayed, because these are things poets write about, just like that, out of decency, for no one in particular, but not for the one concerned,

Because you don't tell the fire it's burning,

car on ne fait pas de déclaration d'amour à la nuit, au soleil, à la tempête,

car on ne remercie pas ses yeux parce qu'ils sont bleus, parce qu'on ne reproche pas à ses yeux d'être noirs ou verts,

car on ne fait pas de compliments à son cœur parce qu'il bat fidèlement depuis l'aube,

car on ne reproche pas à sa gorge d'être sèche ou humide,

car l'amour est un fait de nature, une germination, une croissance, une fatalité,

car une femme n'est pas un clair de lune, ni une mésange, ni une rose, (n'en déplaise à monsieur de Ronsard),

car un homme n'est pas un épi de soleil, ni un dolmen endormi dans un repli du temps,

car il était de ceux qui n'avouent jamais, comme les brigands d'autrefois ou les rebelles.

Il lui avait dit je t'aime, vingt ans après, il le lui avait dit si vite si bas qu'elle ne l'avait peut-être pas entendu, puis, feignant les gestes préalables à la mise en état de sommeil, très vite il s'était retourné sur le ventre et doucement, longuement, il avait mordu l'oreiller.

Because you don't confess your love to the night, the sun, the storm,

Because you don't thank your eyes for being blue, or reproach them for being black or green,

Because you don't pay compliments to your heart for beating faithfully since daybreak,

Because you don't reproach your throat for being dry or moist,

Because love is a natural fact, a germination, a growth, a fatality,

Because a woman is not a moonbeam, not a little bird, not a rose (despite Ronsard),

Because a man is not a shaft of sunlight, not a dolmen folded sleeping into the depths of time, because he is one of those who never admit to anything, like old-fashioned brigands and revolutionaries.

He had said I love you, twenty years late, he had said it so quickly and quietly that maybe she hadn't heard, but, faking those gestures that come just before sleep, he had turned quickly onto his belly, and bitten his pillow tenderly and for a long time.

KERLOC'H

À Tsou, ma muse

Ma muse est une remarquable nageuse, fille d'Alexandrie la belle. Un gamin attrape mon regard — il saute, il court vers la plage. Regardez, regardez, le voilà à portée des premières vagues. Il cueille des cailloux.

Un stupide chauffeur introduit sa voiture sur la préface à la mer. Il est barbu et porteur de lunettes, ce qui au demeurant ne retire rien à ses mérites, s'il en a. Des voix se croisent, les femmes ne sont jamais aussi à leur place que sur une plage. La mienne, ma muse, est une ondine, un véritable poisson, elle parfume tout le paysage.

— Bonjour.
Ce n'est pas à moi que cette femme, celle qui passe à gauche, dit bonjour. Mais j'en profite tout de même.

Je ne connais rien de plus beau que Marcelle entourée de mer, et cette mouette qui disparaît. Mon Dieu, mon Dieu, la mer est une de vos plus belles réussites.

Je vous salue au terme de cette page et vous remercie pour ce chef-d'œuvre auquel il ne manque rien qu'un peintre ou un poète pour lui procurer une dimension intemporelle.

Deux mouettes, qui m'ont probablement vu écrire, soucieuses de profiter de ce poème pour déborder de la page, traversent la plage d'un coup d'aile et vous saluent au passage.

À droite de mon regard, huit barques. À ma gauche, juste à peine une barque installée sur deux roues, avec un mât au sommet duquel se meut un petit drapeau rose délavé.
Comme souvent, un enfant prend possession de mes yeux.

Marcelle, ma muse adorée, fait quelques pas dans les premières vagues, hésite puis revient. Le plus cher de ma vie longe la plage. Où est-elle? Là-bas, là-bas, de l'eau jusqu'aux genoux, à peine.

KERLOC'H

for Tsou, my muse

My muse is an amazing swimmer, daughter of Alexandria the Beautiful. A little boy catches my eye — he jumps he runs to the beach. Look at him, look at him just where the first waves come up. He's collecting pebbles.

A stupid driver brings his car onto the berm. He has a beard and wears glasses, which notwithstanding takes away nothing from his good qualities, if he has any. Voices overlap, women are never so much right where they belong as on a beach. Mine, my muse, is a mermaid, a real fish, she perfumes the whole landscape.

— Hello.
It's not to me that this woman passing by on the left is saying hello. But I get the good of it.

I don't know anything more beautiful than Marcelle surrounded by the sea, and this seagull that disappears. God, my God, the sea is one of your most beautiful achievements.

I greet you at the end of this page and thank you for this masterpiece that lacks nothing but a painter or a poet to give it a timeless dimension.

Two seagulls who probably saw me writing, concerned to get something good out of this poem to carry beyond the page, cross the beach with a beat of their wings and greet you in passing.

To my right as I look, eight boats. To my left, another boat has just been put up on two wheels, with a mast topped by a little faded pink fluttering flag.

As so often, a child takes possession of my eyes.

Marcelle, my belovèd muse, takes a few steps into the first waves, hesitates and turns back. The dearest thing in my life moves along the beach. Where is she? Over there, over there, barely up to her knees in the water.

Mon amour, mon amour.

Elle goûte l'eau. La voilà juste devant cette barque de plage en caoutchouc.

Tout ce que je vois et que j'essaie de partager avec vous et le brin de soleil au bas de la plage, tout s'envolera!

Marcelle, Marcelle,
entends l'éternité qui nous appelle.

Oh! elle plonge.

My love, my love.

She tastes the water. There she is just in front of this rubber beach boat.

Everything that I see and that I am trying to share with you readers and the touch of sun at the bottom of the page, everything will vanish into thin air.

Marcelle, Marcelle,
listen to eternity calling us.

Oh! she dives in.

LA CHANSON DE LA CHEMINÉE

À Pierre Guizerix

C'est la chemise de Dieu qui brûle ou, si vous préférez, sa barbe.

Les feux de cheminée sont de plus en plus rares, du moins dans nos régions et c'est aussi pour cela qu'ils nous sont plus précieux.

À un moment ou un autre, il y a toujours un de nos amis ou parents morts qui profite d'un feu de cheminée pour nous rendre visite et s'exprimer.

Les feux de bois ont toujours quelque chose à nous dire. Celui qui sert de prétexte à cette envolée poétique me parle du passé, de la guerre, de la Résistance.

Il tient beaucoup à ce que je n'oublie pas la Haute-Savoie, le Vercors, le Mont Mouchet où les feux de bûches et feuilles mortes donnaient force et chaleur à notre volonté de combattre jusqu'à la victoire.

Les feux de cheminée nous ramènent toujours à l'essentiel, leur chaleur n'a rien de commun avec celle que produit l'électricité. Dieu prend quelquefois la parole au-dessus d'une petite bougie, mais rarement dans une lumière produite par une ampoule électrique.

Restons-en là.

Qu'allez vous faire demain, dont vous pourrez être fier durant les siècles de mort qui vous attendent? Qu'allez vous faire après-demain, lorsque vous voguerez sur ce fatal bateau qu'on appelle cercueil?

Rappelez-vous le titre de ce poème:

La chanson de la cheminée.

Les flammes qui crépitent ont encore beaucoup à dire. Ne les négligez pas.

Kerguelen

THE SONG OF THE FIREPLACE

It's God's shirt that is burning or, if you like it any better, his beard.

Fires in a fireplace are more and more infrequent, at least where we are, and that's one more reason why they are all the more precious to us.

At one time or another, there is always a dead friend or relative who can take advantage of a fire to visit us and sound off.

Wood fires always have something to tell us. The one giving me my excuse now for a flight of poetic fancy speaks to me of the past, of war, of the Resistance.

It insists on my not forgetting the Haute-Savoie, the Vercors, Mont Mouchet, where fires of logs and dead leaves strengthened and warmed our will to keep fighting on to victory.

Fires in a fireplace always lead us back to the essential, their warmth has nothing in common with the warmth produced by electric power. God sometimes speaks above a small candle-flame, but rarely in light from an electric bulb.

Let's leave it at that.

What are you going to do tomorrow that you will be proud of for all those centuries of death ahead of you? What are you going to do the day after tomorrow, when you drift away on this fatal boat we call a coffin?

Remember the title of this poem:

The song of the fireplace.

The flickering flames still have something to say. Don't ignore them.

LES SURVIVANTS

Nous avançons à l'orée du bois — reconnaissance — après une heure de silence, à la lueur de nos dernieres allumettes — ce qui résiste encore en nous, c'est l'âme, nos corps sont rompus — et ce vent humide dans les sapins travaille contre notre moral.

Jacques a la jambe gauche enflée comme un jambon, son genou extrêmement douloureux lui parchemine le visage, ses yeux d'habitude bleus sont noirs et j'y vois un mauvais présage. Soudain, le tonnerre de leur intarissable mortier reprend; c'est une offensive en règle.

Sur quarante que nous étions au départ, nous restons sept. Un bon chiffre, dit Louis, dont on ne sait jamais s'il plaisante. Le crâne de Freddy tombe comme une bûche, qu'une hache invisible aurait tranchée. Il n'y avait que lui qui sache conduire la quinze chevaux qui nous attend là-bas, dans la cour de la ferme où j'ai entendu la voix de Freddy pour la première fois; avant la guerre il était garçon à la Coupole, c'est tout ce que je sais de lui, maintenant son corps est tombé au sol, le Chtimi lui a recouvert son visage ensanglanté d'une musette, les éclats de mortier qui se sont logés au sommet de mon pariétal droit se font lancinants, le sang que j'ai perdu tout à l'heure me procure une impression de légèreté et de vertige. Je n'ai pas peur, je ne suis pas mécontent, je n'éprouve aucun sentiment de défaite, comment cela se pourrait-il d'ailleurs? Nous avons tenu à 40, avec un armement léger, contre peut-être un millier de SS, munis d'armes lourdes, soutenus par trois stukas. La question que je me pose, c'est de savoir si cette bataille aura militairement été utile à notre cause…

Le vent a séché les restes de l'averse. Il paraît évident maintenant qu'il nous va falloir passer une nuit de plus sous la parachute qui nous sert de tente. Les tirs ennemis ont cessé. Vont-ils à l'aube reprendre leur recherche ou l'abandonner pour mieux s'assurer la prise des villages? Maintenant je dors ou presque.

J'ai une joue sur une chaussure vide et un bidon. Demain il fera jour — peut-être.

THE SURVIVORS

We move forward on the edge of the wood — reconnaissance — after an hour of silence, by the light of our last matches — what keeps up our resistance is our souls, our bodies are broken — and this damp wind in the pines works away at our morale.

Jacques' left leg is inflamed like a ham, his badly damaged knee turns his face the color of parchment, his usually blue eyes have gone black and I take that as a bad omen. Suddenly the thunder of their inexhaustible mortar picks up again, a conventional offensive.

Of the forty of us who started out, seven are left. A good number, says Louis, but we never know when he's joking. Freddy's skull falls like a log split by an invisible ax. He was the only one of us who knew how to handle the four-wheel-drive waiting down below in the farmyard where I had heard Freddy's voice for the first time; before the war, he was a waiter at La Coupole, that's all I know about him, now his body has fallen on the ground, Le Chtimi has covered the bloody face with a backpack, explosions of mortar-fire lodged at the top of my right parietal lobe are throbbing, the blood I have just lost leaves me with a light and dizzy feeling. I am not afraid, I'm not even unhappy, I experience no sense of defeat, how could it be otherwise? 40 of us, lightly armed, held off maybe a thousand heavily armed SS troops supported by three stukas. The question I ask is if this battle has been strategically useful to our cause...

The wind has dried what was left of the rain. It's clear now we'll have to spend one more night under the parachute we use as a tent. Enemy fire has stopped. Will they continue their search at dawn or cut it short to hold on to the villages? Now I'm asleep or almost.

I rest one cheek on an empty shoe and a canteen. Dawn will come tomorrow — maybe.

À Gisèle Caubrière

Une petite fille va entrer dans votre cerveau. Soyez attentifs car il ne vous sera donné aucune indication la concernant, outre celle-ci : elle a onze ans, par une journée d'automne de l'année 1908. Son père fait ceci, sa mère fait cela. Bien entendu à cette époque ils sont vivants. La petite fille rit, ce qui arrive souvent aux petites filles. Vous pouvez noter que ses parents sont français. Plus tard elle viendra en France. Vous croisez cette petite fille à Vienne, dans une Autriche à cette époque aimable. Elle porte des escarpins vernis noirs ; pas une seconde elle ne se doute de ce que sera son destin. Elle a onze ans, je l'ai déjà écrit plus haut. Une trentaine d'années plus tard, avec son mari, elle fera de la Résistance et sera déportée à Ravensbruck.

Pour l'instant, pour une éternité, elle rit. Elle a onze ans.

Après avoir lu ou auditionné ce poème, vous pourrez, en fermant les yeux, la voir nettement, entendre son rire. Rien ne vous manquera, la couleur de ses yeux, de ses cheveux, de sa jolie petite robe, de ses chaussettes blanches.

Mais j'en ai trop écrit. Je vous laisse et je retourne dans les rues de Vienne où traînent des lambeaux de musique comme dans un film.

Et la petite fille me sourit, qui ne sait pas, l'innocente, qu'elle est morte, et moi aussi.

Comment allez-vous lecteur ? Où en êtes-vous de cette existence ?

Une petite fille va entrer dans votre cerveau.

A girl is going to enter your brain. Pay attention all of you because you will be given no information about her, except for this: she is eleven years old on an autumn day in 1908. Her father does this, her mother does that. Of course they are both alive at the time we are speaking of. The girl laughs, something girls often do. You may note that her parents are French. Later she will come to France. You come across this girl in Vienna, in an Austria still delightful at the time we are speaking of. She is wearing black patent leather shoes; not for one instant does she suspect what her fate will be. She is eleven years old, I've already written that. Some thirty years from now, with her husband, she will fight in the Resistance and be deported to Ravensbruck.

For this one instant, for all eternity, she is laughing. She is eleven years old.

After you have read or listened to this poem, you will be able, if you close your eyes, to see her clearly, to hear her laughing. Nothing will escape you, not the color of her eyes, of her hair, of her pretty little dress, of her white stockings.

But I have written too much about this. I leave you and go back to the streets of Vienna where flares of music float along as in a movie.

And the girl is smiling at me, she who does not know, innocent as she is, that she has died, as have I.

Reader how are you doing? How do you fit into this existence?

POÈME CODÉ

Maquis du Mont Mouchet, 1944

J'avais franchi les trois collines, et sur chacune j'avais cueilli une fleur.
L'autre, là-haut, tape toujours!

C'était une guerre secrète, on n'en parla donc pas. Moi qui l'avais
vécue, j'avais bien remarqué qu'elle n'était pas comme les autres, pas
d'uniformes, pas de généraux, pas d'officiers, presque pas d'armes. Ne le
répétez pas, puisque c'était une guerre secrète, il ne faut surtout pas en
parler, le peu d'armes que nous eûmes, car il nous en fallait bien
quelques-unes, nous les avions prises aux gendarmes et sans leur faire
du mal, mais malgré tout ils étaient contrariés, vexés même. Je me sou-
viens que l'un d'entre eux, au visage rougeaud, avait presque les larmes
aux yeux. Il craignait de se faire houspiller par ses supérieurs et mal noter,
ce qui pouvait avoir une suite fâcheuse pour sa carrière. Nous l'avons
laissé avec sa peine, près du pont qu'il devait garder. Qu'est-il devenu
depuis?

Trois mois après, mes trois camarades étaient morts. Freddy, le con-
ducteur émérite de notre traction, était un ancien garçon de la Coupole.
Il se battait comme on sert la clientèle, sans un discours, agile à se faufiler
entre les obus, comme entre les tables, à s'approcher d'un convoi ennemi
et lancer ses grenades comme on fait sauter un bouchon de bouteille de
champagne, ou la capsule d'une bouteille d'eau gazeuse, c'est selon.

Il est tombé comme La Ville de Miremont ou Péguy, une balle en
plein front.

C'était une guerre secrète, on n'en a pas parlé.

Freddy devait avoir une mère, un père, une femme peut-être, on n'en
a pas parlé, bien sûr, et je suis même le premier à soulever son linceul de
fougères.

Gustou, lui, riait quand une rafale de mitrailleuse ou de F. M. l'a
coupé en deux de haut en bas.

C'était une guerre secrète, on n'en a pas parlé depuis, sauf peut-être
son frère Louis et moi, et encore Louis n'était pas bavard.

A POEM IN CODE

Maquis of Mont Mouchet, 1944

I had climbed the three hills, and picked a flower on each one.
The other one, up there, keeps hammering away!

This was a secret war, not to be talked about. I who had livcd it, I
knew very well it was not like the other ones, no uniforms, no generals,
no officers, and practically no weapons. Don't repeat this, because it was
a secret war, especially we must not talk about how few weapons we
had, because we needed some, we took them from the police without
hurting anyone, but still they were against it, they were even annoyed. I
remember one of them, with a red face, he nearly had tears in his eyes.
He was afraid of being called on the carpet by his superiors and earning
a a black mark, which could get in the way of his career. We left him
with his trouble near the bridge he was supposed to be guarding. What-
ever became of him?

Three months later, my three comrades were dead. Freddy, the vir-
tuoso driver of our front-wheel Citroën, used to be a waiter at La
Coupole. He fought as if he were serving customers, without speaking,
quick at threading his way among the gunfire as if between tables, at
approaching an enemy convoy to throw his grenades as if he were pop-
ping the cork on a bottle of champagne, or the cap on a bottle of mineral
water, just so.

He went down like La Ville de Miremont or Péguy, a bullet right in
the forehead.

This was a secret war, we didn't talk about it.

Freddy must have had a mother, a father, perhaps a wife, we didn't
talk about it, of course, and I am the first one to lift up his shroud of
ferns.

Gustou, that one, laughed when a rattle of machine-gun fire or F. M.
sliced him in half from top to bottom.

This was a secret war, we didn't talk about it afterwards, except
maybe his brother Louis and I, and Louis was never a blabbermouth.

Le Chtimi a eu de la chance: juste avant que l'officier SS lui tire une balle dans le crâne, il avait le temps de lui cracher au visage; avant, il s'en était offert onze, c'est peut-être pas un beau chiffre, mieux eût valu treize, mais il n'avait que onze balles. C'était le troisième jour avant la retraite, et nous étions tous à court.

C'était une guerre secrète, on n'en a pas parlé, sauf entre nous, comme ça! On l'aimait bien le Chtimi, malgré sa grande gueule. Si vous croyez aux coïncidences, notez celle-ci: quand on a retiré son corps par les pieds, pour le cacher sous des pierres, un oiseau s'est élevé des buissons derrière lesquels il était tombé, et cet oiseau est monté dans le ciel comme une bulle, en battant fortement des ailes, et il est retombé comme une pierre juste sur le visage ensanglanté du Chtimi et ses deux ailes ont recouvert les yeux du Chtimi. Personne n'a été foutu de dire à quelle espèce appartenait cet oiseau et de quoi il était mort. C'était la guerre secrète, on n'en a pas parlé, on ne parlait déjà des hommes qui tombaient tous les jours, qui étaient torturés, déportés, on n'allait pas parler d'un oiseau! Lui aussi c'était un clandestin, et comme nous, un drôle d'oiseau.

J'avais franchi les trois collines, et sur chacune j'avais cueilli une fleur. Si vous croyez aux coïncidences, notez celle-là: ce n'est qu'après que je m'aperçus que l'une de ces fleurs était bleue, l'autre blanche et la troisième rouge.

Le Chtimi was lucky; just before the SS officer put a bullet through his brain, he had time to spit in his face; before, he had got off eleven shots, maybe that's a good number, thirteen would have been better, but he had only eleven bullets. It was the third day before the retreat, and we were all running low.

This was a secret war, we didn't talk about it, except among ourselves, like that! We really liked him, le Chtimi, in spite of his big mouth. If you believe in coincidences, note this: when we pulled his body back by the feet, to hide it under the stones, a bird lifted up from the bushes where he had fallen, and this bird rose into the sky like a bubble, beating its wings strongly, and it fell back like a stone right onto le Chtimi's bloody face and its two wings covered his eyes. Nobody could tell what species of bird it was or what it died of. This was a secret war, we didn't talk about it, we didn't talk about the men who fell every day, who were tortured, deported, no one was going to talk about a bird! Like us, it was undercover, and, like us, an odd duck.

I had climbed the three hills, and picked a flower on each one. If you believe in coincidences, there's this: it was only afterwards that I noticed that one of these flowers was blue, another one was white, and the third one red.

Au travers du temps, au bénéfice de lui seul, de poème, en poème, je vole au-dessus du silence; mon âme en cet espace si peu fréquenté se meut, comme chez elle, se sert de la poésie pour défier les usages — ce qui m'aura permis de profiter de ma mère et réciproquement, malgré sa mort prématurée.

J'avais trois ans lorsque ma mère est morte et elle vingt-trois ans. Nous ne nous sommes jamais quittés depuis, nous ne nous quitterons jamais.

Par les pouvoirs de la poésie, qui ne procure pas qu'allégresse et charme, je suis oiseau, poisson, (vous en êtes un autre) — ce qui nous permet de nous rencontrer ici, hors des limites de l'humaine condition.

En deçà des usages, au travers du temps, de poèmes en poèmes, vous et moi avons nos rendez-vous secrets. C'est cela le grand mérite de Polymnie. Tout le reste est chanson.

Au travers du temps

Across time, and thanks to time alone, from poem, in poem, I fly above the silence; my soul moves in this hardly traveled space as if in its own home, it uses poetry to defy ordinary life — which allows me to benefit from my mother and vice versa, in spite of her early death.

I was three when my mother died and she twenty-three. We have never left each other since, and never will we leave each other.

By the power of poetry, which provides nothing but enthusiasm and delight, I am bird, fish (you're another) — and that enables us to meet here, beyond the boundaries of the human condition.

On this side of ordinary life, across time, from poems, in poems, you and I have our own clandestine meetings. That is the supreme value of Polyhymnia. Everything else is song.

L'APPEL DE LA PAGE BLANCHE

À Jean Matthyssens

C'est une sorte d'aspiration, une joie, une joie d'enfant, par exemple — c'est l'hiver, vous avez une dizaine d'années, vous apercevez une flaque d'eau que le froid a transformée en patinoire. Que faites-vous? Vous hésitez quelques instants, vous jugez la situation, puis vous vous jetez sur le miroir. Au bout de deux ou trois chutes, vous trouvez la mesure de vos gestes et vous obtenez une honorable glissade.

Si vous préférez, c'est l'été. Vous avez le même âge qu'il est dit plus haut — le soleil est au mieux de sa forme — par chance, vous avez à portée de regard quelques pommiers — vous les jaugez. Celui-là, peut-être, non celui-là. Et après quelques hésitations, quelques coups d'œil alentour (on ne sait jamais avec les adultes) vous aidant de la plus basse branche, vous faites un peu d'acrobatie dans l'arbre, afin de vous prouver que… qu'il n'y a pas que les écureuils ou les singes qui peuvent!

Puis, mais c'était prévisible, après avoir fait une déchirure, deux même et peut-être plus, à votre tablier ou à votre robe, car les filles aussi parfois! ou à votre pantalon, vous redescendez, petit monsieur un peu gêné, inquiet de ce qui s'ensuivra; avec les adultes ces choses finissent souvent mal! Voilà ce que j'éprouvais à la vue d'une page blanche et voici ce que ça donne. Quelquefois c'était plus sérieux, mais est-il vraiment sérieux d'être sérieux? Quand on sait où la vie conduit!

Salut vous! je ne vous connais pas, et vous ne me connaissez pas du tout, pour cause! Et je vous connais bien. Et je vous aime un peu. Attention, en retour je veux que vous m'aimiez follement. D'accord?

Nous nous retrouverons sur une autre page. Et alors, je vous réserve une surprise, une bonne surprise!

THE CALL OF THE BLANK PAGE

It's a sort of inhalation, a joy, a child's joy for example — it's winter, you're ten years old, you see a puddle of water that the cold has turned into a skating rink. What do you do? You hold back a minute or two, you size up the situation, then you throw yourself onto the mirror. After two or three falls, you find the rhythm of your movements and you achieve a respectable glide.

If you like this better, it's summer. You're the same age as above — the sun is at the top of its form — and it happens that you have some apple trees in view — you check them out. That one, maybe, not that one. And after holding back a little, glancing all around (you never know with grown-ups) with the help of the lowest branch, you exercise a little acrobatic leap into the tree, to prove that... it's not just squirrels and monkeys who can do that!

Then, predictably, after having ripped your skirt or your dress, be-cause girls do this too sometimes! once or twice or even more, or your trousers, you climb back down, an annoyed little gentleman, nervous about what will come of it, with grown-ups these things often come out badly! And that's what I was experiencing faced with a blank page and look what it produces. Sometimes it's been something more serious, but is the serious really serious? When we know where life leads us!

Here's to you! I do not know you, and you don't know me at all, for a very good reason! And I know you very well. I even love you a little. Attention! in return I want you to be crazy in love with me. Okay?

We'll meet again on another page. And then, I've got a surprise just for you, a really fine surprise!

HÔPITAL BEGIN

Au Pr. Mayaudon

Je suis à l'hôpital. Et alors! Qu'est-ce que cela peut vous faire? Vous êtes, hélas comme moi, envahi par vous. Rien ne vous intéresse vraiment que ce qui arrive, que ce qui vous est arrivé. Et encore! Il y a des moments où, vous comme moi et moi comme vous, nous nous sentons presque de trop et peu responsables de nos faits et gestes.

Dieu a bien fait les choses, chacun de nous est innocent. Demandez à un cerisier ce qu'il pense de celui qui a volé ses fruits. Vous serez étonné de ce qu'il vous répondra, s'il vous répond, ce qui n'est pas sûr. S'il vous répond, dans sa langue que seul les poètes comprennent aisément, il vous dira que les oiseaux qui le lacèrent et le dévorent à coups de bec sont plus redoutables que les humains.

Mais j'exagère, je perds la raison, je tourne en poésie. Les arbres ne se parlent qu'entre eux, comme nous les humains, comme font aussi les oiseaux que l'on aurait tort de prendre pour des anges.

À l'instant où j'écris ces mots, il est juste deux heures du matin, je suis au lit dans le calme particulier d'un hôpital militaire où l'on accueille ceux qui, ici ou là, à un moment de leur vie, furent dans la situation de l'offrir pour une certaine idée qu'ils se faisaient de la liberté, qui est bien la seule en mesure de rendre la mort aimable.

J'aurais tant voulu mourir à la guerre. Tiens! C'est la première fois que je l'écris. J'aurais tant voulu mourir pour quelque chose, comme on dit; j'ai essayé, j'ai bien essayé malgré moi, mais je n'y suis pas parvenu. Dommage. J'aurais tant voulu mourir avec en tête cette idée stupide que je m'offrais à mon pays. Mon pays! C'est trop bête. Mais parlons plutôt d'autre chose, ces tristesses d'usage courant sont insupportables, trop drôles, mourir pour son pays, la patrie!

J'avais quinze ans quand, en Haute-Savoie, en 1941, j'appartins au premier maquis de France qui avait pour visées de rendre à mon pays l'honneur que son armée avait perdu.

THE BEGIN HOSPITAL

I'm in the hospital. So? What's that to you? You are — alas, like me — overwhelmed by you. Nothing really interests you but what's happening to you, what has happened to you. And more! There are moments when — you the same as I and I the same as you — we feel ourselves too much and too little responsible for our acts and gestures.

God has done things well, each of us is innocent. Ask a cherry tree what it thinks of the person who stole its fruit. You will be astonished at what it answers, if it answers at all, which is not certain. If it answers, in a language that only a poet undestands fluently, it will tell you those birds that rip at it and devour it with their beaks are more dangerous than human beings.

But I exaggerate, I'm losing my mind, I turn to poetry. Trees talk only among themselves, the way we human beings do, the way the birds do that it would be wrong to take for angels.

At the very minute I'm writing these words, it's exactly two o'clock in the morning. I'm lying in bed in the special tranquility of a military hospital where they take in those who, somewhere or other, at one moment of their life, were in a position to offer it up for a certain idea they had of liberty, which is the only idea able to make death attractive.

I would have preferred to die in battle. Hey! This is the first time I write this down. I would have preferred to die for a cause, as they say. I tried, I tried in spite of myself, but I did not succeed. A pity. I would have preferred to die with this dumb idea in my head that I was dying for my country. My country! It's too stupid. But let's talk about something else, these sorrows in current use are unbearable, too funny, dying for your country, your fatherland!

I was fifteen years old when, In the Haute-Savoie, in 1941, I joined up with the first resistance in France intending to return to my country the honor its army had lost.

Nous étions une poignée d'adolescents irréductibles à qui l'idée de plier devant des ennemis surarmés et sans âme était insupportable. Et nous les avons battus!

Pieds nus, nous avons fait fuir et trembler ces diables bottés. Quel plaisir d'être en accord avec soi-même et tout bêtement fier de soi, tant il est plus agréable de mourir pour quelque chose que de vivre pour rien.

Il est tard. 2 h 25. Je vais vous quitter sur un sujet de réflexion qui en vaut bien d'autres:

Le plaisir de perdre sa vie dans des circonstances où chaque goutte de sang versé est comme un baiser de Dieu sur le front.

We were a handful of uncompromising teenagers to whom the idea of giving in to heavily armed and soulless enemies was unbearable. And we beat them!

Barefoot, we had put the devils to flight, shaking in their boots. What a pleasure to be at ease with ourselves and proud of ourselves, so much more acceptable to die for something than to live for nothing.

It's late. 2:25. I'm going to leave you with an idea to think about that's worth more than many others:

The pleasure of losing your life in circumstances where every drop of blood shed is like a kiss from God on your brow.

CHATEAUDOUBLE

Les faits, pour provisoires qu'ils soient, sont là. Il est deux heures moins 6, 13h 54. Il pleut sur Chateaudouble, ce mardi 3 septembre de l'an 1974. Et j'aurai bientôt parcouru une demi-siècle sans rien comprendre. Il pleut sur Chateaudouble. La ferme de l'Empereur est en ruines. L'aveugle qui tâtait les murs du bout de sa canne blanche est mort. L'unijambiste délirant est mort, le barbier bossu est mort. Mimi est morte. Et tandis que par hasard la cloche de l'église tape deux coups, je tourne la page. Car j'aurais tant de morts à visiter mon cahier n'y suffirait plus. Il me faudrait saluer mes camarades de Vassieux et du Plateau de Combovin, mes brouettes d'herbe du Vercors, rendues méconnaissables par l'histoire.

Il pleut sur Chateaudouble. Quarante ans se sont écoulés depuis que d'aventure je suis, et pour combien de temps encore, présent sur la planète Terre et cinq minutes, minutes, minutes, viennent de s'enfuir de moi, depuis le début du poème. Que de bruit, que de silence, j'attends Julien qui hésite à se montrer, pensez donc, il y a trente ans que nous nous vîmes pour la dernière fois. Il pleut sur Chateaudouble et la pluie convient si bien au poème que je l'embarbouille sans vergogne.

Qu'aurai-je aperçu durant l'humain voyage, les hommes avaient si peur des hommes, si besoin des hommes, certains d'entre eux, pour mettre un terme, un frein, à leur désarroi, s'entouraient d'animaux. Les chats et les chiens avaient leur préférence, qui jamais ne leur posaient de questions, et qui, en échange de leur pitance et de quelques caresses, leur offraient cette sorte de considération dont ils avaient tant besoin, d'autant que ces regards devaient monter vers eux.

J'attends Julien qui tarde beaucoup à venir. Peut-être a-t-il crainte de moi. Il est 14 h 25. Et la porte sonnante, malmenée par les enfants, bat et rebat. Je me demande qui lit encore les poèmes et combien iront jusqu'au bout de celui-ci. Moi certainement pas. J'ai déjà trop de mal à écrire. Il pleut sur Chateaudouble. Je vais demander l'addition. Julien ne viendra sans doute plus. Il est de l'autre côté du mur. L'homme inquiète l'homme. L'homme est le plus sûr ennemi de l'homme. Je vais régler

CHATEAUDOUBLE

The facts, however provisional they may be, are all there. It's 6 minutes before 2, 1:54. It's raining over Chateaudouble this Tuesday September 3, 1974. Soon I'll have completed half a century without understanding anything. It's raining over Chateaudouble. The Emperor's farm is in ruins. The blind man who tapped the walls with his white cane is dead. The mad one-legged man is dead, the hunchback barber is dead. Mimi is dead. And while the church clock happens to bang out twice, I turn the page. Because I would have so many dead to visit that my notebook could not hold them all. I would have to greet my comrades of Vassieux and from the Plateau of Combovin, my grass-covered barrows of the Vercors, made unrecognizable by history.

It's raining over Chateaudouble. Forty years have passed since I accidentally came to be, and for how much time still to come, present on Planet Earth and five minutes, minutes, minutes have just got away from me since the beginning of this poem. In noise or in silence, I'm waiting for Julien who hesitates to show himself, just think, it was thirty years ago we last saw each other. It's raining over Chateaudouble and the rain fits so well into the poem that I'm shamelessly bogged down in it.

What I will have noticed during my human voyage, men had such fear of men, such need of men, that certain ones of them, to put a limit, a brake, on their distress, surrounded themselves with animals. Cats and dogs were their favorites, who never asked them any questions, and who, in exchange for their keep and a few caresses, offered them some kind of the consideration they needed, looking up to them.

I am waiting for Julien who is very late. Maybe he is afraid of me. It is 4:25. And the doorbell, manhandled by the children, rings and rings again. I wonder who still reads poems and how they will get to the end of this one. Certainly not me. I've already had too much trouble writing it. It's raining over Chateaudouble. I am going to ask for the check. Julien won't come. He is on the other side of the wall. Man troubles man. Man is the most dependable enemy of man. I'm going to settle the check.

l'addition. Julien n'est pas venu. L'homme préfère communiquer avec l'homme par l'intermédiaire des chiffres. Il a déjà tant de mal à se supporter lui-même. Il pleut sur Chateaudouble.

Julien has not come. Man prefers to communicate with man through the mediation of numbers. He already has so much grief of his own. It's raining over Chateaudouble.

DERRIÈRE LES VOLETS D'ORTALI

Ici, il y a encore des volets qui parlent quand on les ouvre à l'aube, afin de saluer le soleil, la nature — et la mer.

Lorsque je dis "parlent", je veux dire qu'ils ne parlent pas pour ne rien dire — des volets qui vous disent bonjour et qui vous souhaitent, sans paroles inutiles, une belle et franche journée.

Mais cela concerne uniquement ceux qui connaissent la langue des volets, dont certains, je vous l'assure, ne manquent pas d'humour et disent quelquefois à Anne-Marie, à Laetitia, à Anne-laure ou à Sabine des choses que je ne répéterai surtout pas et qui les font sourire, comme seules savent sourire les jeunes filles dans la proximité du ciel et de la terre.

Car tout est là, ôtez le soleil, le ciel et la mer — mais il faut préciser, le soleil, le ciel et la mer corses — et les volets ne disent plus que des banalités. Ou alors tiennent des propos de clercs de notaires ou d'huissiers en vacances.

Pas une seule fois, cela mérite d'être noté, dans cette maison branlante, au cœur du maquis où j'écris le présent poème, qui durera bien plus longtemps que moi, le bougre, car je suis passablement détérioré — pas une seule fois, le soir, les volets lorsque je les ai refermés, n'ont oublié de me souhaiter bonne nuit et beaux rêves.

Alors, qu'il y a tant d'humains indifférents les uns aux autres!

Mais comment cela se peut-il? Est-ce là un phantasme de poésie? Non, mon crayon a autre chose à faire que d'égrener des sornettes. Il rapporte ce qu'il voit, ce que je vois, ce qui est vrai. Ce qu'il trouve sur ma route. Mais comment se peut-il que des volets parlent à ce point? Et qu'on puisse sans traducteur comprendre leur langue?

C'est ma fille, c'est mon fils, mes enfants et les vôtres!

BEHIND THE SHUTTERS OF ORTALI

Here there are still shutters that speak when you open them up at dawn, they greet the sun, nature — and the sea.

When I say "speak," I mean that they're not speaking and saying nothing — shutters that say hello and wish you, without a wasted word, a beautiful and easy day.

But that matters only to those who know the language of shutters, and there are certain shutters who, I assure you, don't lack a sense of humor, and say sometimes to Anne-Marie, Laetitia, Anne-Laure or to Sabine things that I certainly will not repeat, things that make them smile as only girls very close to heaven and earth know how to smile.

Because everything is there, take away the sun, the sky, the sea — more precisely, the sun, the sky and the sea of Corsica — and the shutters utter no more than clichés. Or they talk like accountants or bailiffs on vacation.

Not once, this needs to be noted, in this rickety house, in the heart of the countryside where I write this poem, which will last longer than I will, damn it, because I'm fading fast — not once, in the evening, when I have closed them in the evening, have the shutters failed to wish me good night and sweet dreams.

Meanwhile, there are so many human beings indifferent to one another!

But how can this be? Is this a poetic fantasy? No, my pencil has better things to do than to fiddle with nonsense. It reports what it sees, what I see, what is true. What it finds along my way. But how is it possible for shutters to speak so much? And for me to understand their language without a translator?

It's my daughter, my son, my children and yours!

Vous apprendrez dans le cours d'une vie que je vous souhaite dynamique et heureuse, que la Corse — que déjà les Grecs avaient surnommée l'île de Beauté — est chargée d'une énergie poétique à nulle autre pareille et qu'il faut bien que les volets, qui sont les premiers ouverts et les derniers fermés, prennent la parole. Faute de quoi, qui la leur donnerait en dehors du poète?

Ici, en Corse, tout parle la langue des poètes et quand par hasard un arbre, un oiseau, une poutre ou un meuble se tait, c'est qu'il aurait trop à dire, et qu'il ne veut blesser personne.

You will learn in the course of a life which I hope will prove dynamic and happy that Corsica — which the Greeks had long since nicknamed the Isle of Beauty — is charged with a poetic energy equal to no other and that its shutters, which are the first to open and the first to close, speak out. Failing which, who besides a poet would make that possible?

Here, in Corsica, everyone speaks the language of poets and when, by chance, a tree, a bird, a joist or a piece of furniture says nothing, it's that it would have too much to say, and it doesn't want to take offense.

LE DIT DE LA CHENILLE

À Audrey Smith

Les oiseaux ne sont pas tous de porcelaine,
dit la chenille.
Pourtant ils ont aussi quelque chose à dire
et ils le tentent avec obstination,
ce qui confond et séduit les humains.
Maudits soient-ils! Ils sont innocents comme nous.
Ouvrez les portes des cages.

Ce vingtième siècle, sans grâce, écartelé entre un passé gigantesque d'efforts et d'ingéniosité et un avenir qui, avec des précipitations de voleur, fait voler en éclats une à une les portes de la connaissance, tandis que des petits enfants de toutes les couleurs meurent de faim devant des silos de blé et des himalayas de beurre congelé, gardés par les valets de l'argent!

Ce vingtième siècle, gorgé de honte, inventeur de l'holocauste, qui jeta des enfants au feu comme des détritus.

Siècle de la vulgarité et de la laideur triomphantes, ce ne sont pas quelques coups de plume ou notes de musique qui te rendront ta dignité.

Et n'appelle et n'implore plus Dieu
Ni celui-ci ni un autre
C'est trop tard.
Effaré par la cruauté même
et l'ignominie des événements
qui avaient échappé à son contrôle,
Dieu s'est suicidé
⠀⠀⠀⠀noyé dans l'océan des larmes de poètes.

WHAT THE CATERPILLAR SAID

Not all birds are made of porcelain
said the caterpillar.
Nevertheless they too have something to say
and they stubbornly keep trying,
confusing and seducing human beings.
To hell with them! They are as innocent as we are.
Open the doors of the cages.

This graceless twentieth century, torn between a gargantuan past of
effort and ingenuity and a future which, with the haste of thieves, ex-
plodes one by one the doors of understanding, while little children of
all colors die of hunger in front of silos of grain and himalayas of solid
butter guarded by the lackeys of money!

This twentieth century, gorged with shame, inventor of the holocaust
that threw children into the fire like garbage.

Age of triumphant vulgarity and ugliness, no few strokes of the pen
or notes of music will render you your dignity.

And do not call on God, nor beg
Neither this one nor any other
It's too late.
Terrified by the cruelty
and the ignominy of events beyond his control,
God has committed suicide
        drowned in the ocean of poets' tears.

Maman, maman, regarde, c'est ton Jeannot qui écrit encore. Il ne sait rien faire d'autre et ça ne sert à rien. Quand j'étais petit, je voulais une bicyclette, je l'ai eue, elle ne me plaisait pas, car c'était une très belle bicyclette que des riches avaient fièrement donnée au pauvre que j'étais, trop fier pour m'en accommoder.

Les idées humaines sont souvent compliquées, c'est d'ailleurs pour cela que nous en sommes si fiers. Je vois un petit jardin public, un jardin d'enfant, il y en a toujours un autre qui qui s'arrange pour avoir un jouet plus beau que le mien, c'est déjà la vie, les choses comptent, non pas tant pour l'usage que l'on en fait, que pour l'idée qu'on s'en fait.

Dites-moi, cher crayon, pour le compte de qui écrivez-vous? Vous croyez vraiment que vos attendus poétiques vont changer grand-chose au monde encombré de la pensée? Il y a bien longtemps que les chiffres on pris le pas sur les mots. Vous perdez votre temps, mais si ça vous amuse! Vous donnez à vous-même une confortable idée de vous-même. Pourquoi vous en priveriez-vous?

Maman, maman, regarde

Mama, Mama, look, it's your Johnny who's writing again. He doesn't know what else to do and that's no good. When I was little, I wanted a bicycle, I had had one that I didn't like because it was a very beautiful bicycle that rich people had donated in their pride to this poor kid, but I was was too proud to be comfortable with it.

Human ideas are often complicated, and that's why we are so proud of them. I see a little public garden, a children's playground, and there will always be someone else who manages to have a prettier toy than mine, that's already life, things matter, not so much for the use we make of them, but for the idea we have of them.

Tell me, dear pencil, for whose sake are you writing? Do you really believe that your poetic considerations are going to make much of a difference in a world overburdened by thought? A long time ago numbers overtook words. You're wasting your time, but as long as it gives you pleasure! You give yourself a comfortable notion of yourself. Why should I take that away from you?

À Anne Mauger

Il faut le savoir, les morts entendent bien la musique, ils en sont même très gourmands. Invisibles, ils flottent dans l'air et l'espace.

Ils aiment aussi le bruit de la mer; il y en a qui passent des éternités au bord des plages de sable ou s'installent discrètement sur les falaises et sifflent entre les rochers, mêlant leurs voix et leurs soupirs au clapotis des vagues.

Dieu est le chef d'orchestre le plus habile et le plus dévoué. C'est aux enfants qu'il pense en priorité. Il faut le savoir et l'apprendre ou le rappeler à ceux qui l'auraient oublié. La mer parle à chacun sa propre langue. Les oiseaux assurent sa garde et l'informent à chaque instant de ce qu'apporte l'instant suivant. La mer et le ciel ont ceci de commun: quiconque les regarde prend la dimension intemporelle de son âme.

Il serait stupide et déplacé que nous ne nous arrêtions pas à cette phrase que, j'imagine, Dieu me souffle: La mer et le ciel ont ceci de commun: quiconque les regarde saisit la dimension intemporelle de son âme.

Il faut le savoir, les morts entendent bien la musique

Truth be known, the dead listen attentively to music, they are even greedy for it. Invisible, they float through air and space.

They also like the sound of the sea very much; some of them spend eternities on the berm of sandy beaches or settle themselves on the cliffs and whistle between the scarps, mingling their voices and their sighs with the percussion of the waves.

God is the most adroit and devoted of orchestra conductors. Children are his highest priority. This must be known and taught or recalled to those who have forgotten it. The sea speaks to each in their own language. Birds keep watch and let it be known at every moment what the following moment will bring. The sea and the sky have this in common: Whoever looks at them catches the timeless dimension of their own soul.

It would be stupid and out of place for us not to stop and pause at this sentence which I imagine God whispers to me: The sea and the sky have this in common: Whoever looks at them seizes the timeless dimension of their own soul.

Quelquefois un poème est porteur de réalité. Vous qui lirez ou entendrez celui-ci, prenez acte du fait que ce poème fut vécu par son auteur, qui était un jeune homme sympathique, comme le sont tous les jeunes gens, car la jeunesse ennoblit celui qu'un moment elle habite et fleurit.

Mais venons-en aux faits: Je sortais de prison, tout me paraissait miracle, le jour, la nuit, un cheval qui tirait une charrette — il y en avait encore quelques-unes à cette époque. Je sortais de prison où j'avais été jeté pour avoir, comme un oiseau, picoré les miettes — volé, quel grand mot, une boîte de sardines à l'huile d'olive dans un grand magasin. Ne riez pas! Je m'en souviens comme si c'était aujourd'hui. Les choses ont changé depuis, mais à cette époque quiconque mal vêtu, mal coiffé, le regard battu, chipait une chaussure, une flûte de pain, s'il était pris, était roué de coups et jeté en prison. C'est ce qui m'advint. Si vous ne me croyez pas, venez avec moi consulter à la gendarmerie mon casier judiciaire!

Mais j'ai tort de vous faire cette confidence., vous allez me prendre pour quoi? Si j'avais dévalisé une banque internationale, tué deux ou trois gendarmes, là je serais pris en considération, mais non, j'ai volé un sandwich au jambon!

Allez! Servez-moi encore une bière, je vous prie — et n'en parlons plus. Il s'est tellement passé de choses depuis, plus émouvantes, plus drôles, plus intéressantes.

Il n'empêche, salauds, que vous ou les vôtres vous m'avez flanqué en prison, et que si je n'avais pas ma réputation de poète pour me protéger, vous me jugeriez infréquentable, salauds que vous êtes et — ce qui est pire encore — peut-être sans le savoir.

Quelquefois un poème est porteur de réalité

Every so often a poem is the carrier of reality. You who will read or hear this, please note that this poem was lived by its author, who was a personable young man, as are all young people, because youth ennobles the one in whom it lives and flourishes for a moment.

But let's get to the events: I was just getting out of jail, everything seemed miraculous to me, the day, the night, a horse drawing a wagon — they still had those at that time. I was just getting out of jail where I had been thrown for having foraged for crumbs like a bird — stolen, what an imposing word, a can of sardines in olive oil from a supermarket. Don't laugh! I remember as if it were today. Things have changed since, but in those days if you were badly clothed, had a bad haircut, or looked beaten down, and if you nabbed a shoe or a loaf of bread and were caught, you were given a beating and thrown into jail. This is what happened to me. If you don't believe me, let's go to the police station and we'll look at my record.

But I'm wrong to take you into my confidence, what will you think of me? If I had embezzled from an international bank, killed two or three policemen, I'd get some respect, but no, I stole a ham sandwich!

Away with you! Get me something to drink, please — we'll say no more about it. So much has happened since — much more touching, funny, interesting.

It makes no difference, you bastards, that you or your kind threw me into jail, and that if I didn't have my reputation as a poet to protect me, you would consider me bad company, bastards that you are and — what is even worse — without even knowing it.

Va-t-en, je te prie, il pleut et cette humeur du temps me rend maussade. Si nous nous rencontrons aujourd'hui tu ne rencontreras de moi qu'un personnage aigri qui vilipende à son insu tout ce qui passe à sa portée.

Je voudrais t'offrir de moi le plus intéressant de mes amis, celui qui fait bonne la mesure de l'amitié. Reportons notre rendez-vous, prenons rendez-vous avec le premier soleil — nous irons là où la ville s'éteint, se fond, devient aimable, comme tout ce qui s'éloigne, là où les arbres sont de la famille, là où je suis incapable d'arracher l'œil à mon pire ennemi — et nous parlerons à voix basse du passé, à voix haute de l'avenir.

Va-t-en, je te prie

Go away, please, it's raining, and the weather puts me in a bad mood. If we get together today, you'll find me nothing but an embittered character who rails automatically against everything within reach.

Let me consider you instead the most interesting of my friends, a person who fills the cup of friendship full. Let's defer our meeting, defer it until the first reappearance of the sun — we'll go where the city extinguishes itself, melts, becomes congenial, like everything that moves away, there where the trees are part of the family, where I am incapable of ripping out the eye of my worst enemy — and we will talk quietly of the past, loudly of the future.

translation dedicated to Steve Sadow

LA FRAYEUR DES LILAS

À Anefrance

La frayeur des lilas dans les parcs en friche
Les herbes folles foulées par les sabots crottés d'un incertain Martin
L'hiver approche
Les grenouilles fondent et se confondent avec la boue des mares et des
matins blessés par les premiers frimas
D'où venez-vous encore à une pareille heure
Je viens de la chapelle où j'ai longuement prié pour le salut de votre
âme
Stupide il y a bien longtemps qu'il n'y a pas plus de chapelle au village
que de chapelier
J'ai pourtant prié à deux genoux pour vous
Vous mentez
        Vous n'avez jamais connu pour prière autre chose que
des chants paillards
         Et fermez vos volets avant de vous coucher
qu'ils ne battent pas au vent tout le cours de la nuit
la nuit à demi-consumée sur la ville ouverte à toutes les rumeurs
la ville aux passages cloutés rouillés
où un peuple réduit à l'état de public ou de clientèle halète suspendu
aux antennes de télévision
         Mon Dieu mon Dieu il n'y a pas si
longtemps nous ne nous vous demandions que de la pluie
         Pour que l'herbe donne du lait à nos bêtes
         Et maintenant nous vous demandons la
vérité toute la vérité
     en plus de la pluie
Et d'abord les preuves de votre existence
quelques facilités aussi à vivre et à mourir
       mais voici le bout de la page
       nous allons nous quitter
car je n'ai pas le courage de la retourner

THE FEAR LILACS FEEL

The fear lilacs feel in parks left fallow
The foolish grass flattened by the muddy boots of an unsteady Martin
Winter is coming
Frogs melt and become muddled in the mud of ponds and mornings
marred by first frost
Where are you coming from at an hour like this
I come from the chapel where I have been praying for your soul's
salvation
Stupid you it's been a long time since there's been a chapel in the
village only a chap
All the same I went down on my knees to pray for you
You're lying
     You have never known any other prayer than bawdy songs
        And bolt the shutters before coming to bed
so they won't clatter in the wind during the night
the night half-gone over the city open to all kinds of noise
the city of rusty hobnailed traffic
where a population reduced to being a public or a clientèle wheezes
hanging from television antennas
        My God my God it's not so long ago that all
we were asking you for was rain
       For the grass provides our animals' milk
       And now we are asking you
for the truth the whole truth
          in addition to rain
But first some proof of your existence
some assistance in living and dying
      But here's the bottom of the page
      we're going to leave each other
        because I don't have the courage to turn it back

L'ACCENT CIRCONFLEXE ET
LA PETITE CÉDILLE

Entre deux vers
D'un long poème
D'un poème fort ennuyeux
La cédille aux yeux de verveine
Qui nattait ses jolis cheveux
Rencontra l'accent circonflexe
Curieuse quoiqu'un peu perplexe
Sans moi vous l'eussiez deviné
Elle lui dit pour commencer
Quel bizarre chapeau que le vôtre
Seriez-vous par hasard gendarme ou polytechnicien
Et que faites-vous donc sur le front des apôtres
Est-ce vous la colombe ou la fumée du train
Je suis je suis gentille cédille
Le S escamoté des mots de l'autrefois
C'est à l'hostellerie qu'on emmenait les filles
Le S a disparu me voici sur le toit
Et toi que fais-tu cédille
A traîner derrière les garçons
Sont-ce là d'honnêtes façons
N'es-tu point de bonne famille
Accent bel accent circonflexe
Voilà toute ma vérité
Je t'aime et pour te le prouver
Je fais un S avec un C.

THE CIRCUMFLEX ACCENT AND
THE LITTLE CEDILLA

Between two lines
Of a long poem
Of a long and very boring poem
The cedilla with lavender eyes
Who was braiding her lovely hair
Bumped into the circumflex
Curious but a bit perplexed
Even without me you might have guessed
She said to him to break the ice
What a funny hat you wear
Is your rôle a policeman or an engineer
And what are you doing tête-à-tête with Genêt
Are you a puff of smoke or a hovering bird
I am I am winsome cedilla
The vanished S of an archaic word
Like the hostel where girls were led astray
The S disappeared here I am on the roof
And you cedilla why do you trail
After the boys like a piece of tail
Don't you owe it to your family and sex
Accent handsome circumflex
I love you and here's the proof
To prove my devotion and sincerity
I make an S out of a C

JEAN-PIERRE ROSNAY, born in Lyons in 1926, fought in the French Resistance as a teenager, and moved to Paris after the war to take up a career as a writer and a promoter of literature, especially poetry. During his life, he published eight collections of poems as well as three novels. The founder and proprietor of the Club des Poètes in Paris, he hosted radio and television poetry programs, initiated dial-a-poem and computer networks, and edited an anthology of poems of the Resistance and the quarterly *Vivre en Poésie*. He died in Paris in 2009. He has two previous books in English translation: *When a Poet Sees a Chestnut Tree* (Green Integer Press) and *Secret Wars* (Cold Hub Press).

J. KATES is a poet, a literary translator and the co-director of Zephyr Press. He has been awarded three National Endowment for the Arts Fellowships, an Individual Artist Fellowship from the New Hampshire State Council on the Arts, and the Cliff Becker Book Prize in Translation. He has published three chapbooks of his own poems and one full book, *The Briar Patch* (Hobblebush Books). He is the translator of a dozen books of translations of Russian and French poets, and has edited two anthologies of translations. He has also collaborated on four books of Latin American poetry in translation.

TITLES FROM BLACK WIDOW PRESS
TRANSLATION SERIES

MODERN POETRY SERIES

ABC of Translation by Willis Barnstone

An Alchemist with One Eye on Fire
by Clayton Eshleman

An American Unconscious by Mebane Robertson

Anticline by Clayton Eshleman

Archaic Design by Clayton Eshleman

Backscatter: New and Selected Poems by John Olson

Barzakh (Poems 2000–2012) by Pierre Joris

The Caveat Onus by Dave Brinks

City Without People: The Katrina Poems
by Niyi Osundare

Clayton Eshleman / The Essential Poetry: 1960–2015

Concealments and Caprichos by Jerome Rothenberg

Crusader-Woman by Ruxandra Cesereanu.
Translated by Adam J. Sorkin. Introduction by
Andrei Codrescu.

Curdled Skulls: Poems of Bernard Bador.
Translated by Bernard Bador with
Clayton Eshleman.

Dada Budapest by John Olson

Disenchanted City (La ville désenchantée)
by Chantal Bizzini. Translated by J. Bradford
Anderson, Darren Jackson, and Marilyn Kallet.

Endure: Poems by Bei Dao.
Translated by Clayton Eshleman and Lucas Klein.

Exile Is My Trade: A Habib Tengour Reader.
Translated by Pierre Joris.

Eye of Witness: A Jerome Rothenberg Reader.
Edited with commentaries by Heriberto Yepez
& Jerome Rothenberg.

Fire Exit by Robert Kelly

Forgiven Submarine
by Ruxandra Cesereanu and Andrei Codrescu

Fractal Song by Jerry W. Ward, Jr.

from stone this running by Heller Levinson

Grindstone of Rapport: A Clayton Eshleman Reader

The Hexagon by Robert Kelly

How Our Bodies Learned by Marilyn Kallet

Larynx Galaxy by John Olson

The Love That Moves Me by Marilyn Kallet

Memory Wing by Bill Lavender

Packing Light: New and Selected Poems
by Marilyn Kallet

Penetralia by Clayton Eshleman

The Present Tense of the World: Poems 2000–2009
by Amina Saïd. Translated with an introduction by
Marilyn Hacker.

The Price of Experience by Clayton Eshleman

The Secret Brain: Selected Poems 1995–2012
by Dave Brinks

Signal from Draco: New and Selected Poems
by Mebane Robertson

Soraya (Sonnets) by Anis Shivani

Tenebraed by Heller Levinson

Wrack Lariat by Heller Levinson

Forthcoming title:
Garage Elegies by Stephen Kessler
LinguaQuake by Heller Levinson

LITERARY THEORY /
BIOGRAPHY SERIES

*Barbaric Vast & Wild: A Gathering of Outside and
Subterranean Poetry (Poems for the Millennium,
vol. 5).* Eds: Jerome Rothenberg and John
Bloomberg-Rissman

Clayton Eshleman: The Whole Art by Stuart Kendall

Revolution of the Mind: The Life of André Breton
by Mark Polizzotti

WWW.BLACKWIDOWPRESS.COM